The Standards

Klassisch liberale Aufsätze neu interpretiert

herausgegeben von Michael von Prollius

Bibliografische Information der Deutschen Nationalbibliothek:
Die Deutsche Nationalbibliothek verzeichnet diese Publikation in der Deutschen Nationalbibliografie; detaillierte bibliografische Daten sind im Internet über http://dnb.dnb.de abrufbar.

Herstellung und Verlag: BoD – Books on Demand, Norderstedt
Titelbild und Umschlaggestaltung: Björn von Prollius
Layout: Susanne Junge

© 2015 Michael von Prollius
1. Auflage
Alle Rechte vorbehalten.
ISBN: 978-3-7347-7609-0

Inhalt

Präludium 7

Helmut Krebs
Fréderic Bastiat: Was man sieht und was man nicht sieht 15

Wolf von Laer
James Buchanan: What Should Economists Do? 21

Malte Tobias Kähler
Huerta de Soto: Der andauernde Methodenstreit der
Österreichischen Schule 27

Alexander Fink
Armen Alchian: Uncertainty, Evolution and Economic Theory 35

Eduard Braun
Israel Kirzner: Rationality, Entrepreneurship, and Economic
„Imperialism" 43

Kalle Kappner
Israel Kirzner: Entrepreneurial Discovery and the Competitive
Market Process: An Austrian Approach 49

Carsten Dethlefs
Wilhelm Röpke: Rechnung ohne den Menschen 61

Christian Hoffmann
Elinor Ostrom: A Behavioral Approach to the Rational Choice
Theory of Collective Action 67

Inhalt

Dagmar Schulze Heuling
Friedrich August von Hayek: History and Politics 75

Alexander Dörrbecker
Lord Acton: History of Freedom in Antiquity und
History of Freedom in Christianity 83

Edith Puster
Ludwig von Mises: Die Wirtschaftsrechnung im
sozialistischen Gemeinwesen.. 89

Isabell Heuber
George Stigler: The Theory of Economic Regulation 101

Michael von Prollius
Friedrich August von Hayek: Der Strom der Güter und
Leistungen 105

Steffen Hentrich
Steven E. Landsburg: Why I'm not an Environmentalist –
The Science of Economics versus the Religion of Ecology............ 111

Gérard Bökenkamp
Gustave de Molinari: Über die Produktion von Sicherheit 119

Stefan Blankertz
Murray N. Rothbard: Left and Right: The Prospects of Liberty .. 125

Gerald Mann
Frédéric Bastiat: "Petition der Kerzenmacher" 131

Autoren 141

Präludium

The Standards werden vor allem mit Musik assoziiert. Besonders häufig gespielte Stücke, die immer wieder neu interpretiert werden und die Stilentwicklung überdauern oder sie selbst prägen, gelten als Standards. Beim Jazz ist das beispielhaft der Fall. Bemerkenswerterweise gilt: Neuinterpretationen können beliebter sein als die Originale. Auch über die Musik hinaus kennzeichnet Standards, dass die in ihnen verkörperte Art und Weise zu verfahren anerkannt wird, ob beim Tanzen, bei Produktionsverfahren oder bei Währungen. Ein Goldstandard ist beispielsweise eine Währung, die aus Goldmünzen, Goldbarren oder in Gold eintauschbaren Papiernoten besteht.

The Standards sind in diesem Band wegweisende ökonomische Aufsätze. Auf ihre Kernaussage wird besonders häufig Bezug genommen, so dass sie die Wirtschaftswissenschaft prägen (sollen). Das in Klammern gesetzte Sollen weist auf den Untertitel hin; es handelt sich nämlich um klassisch liberale Aufsätze. Offenkundig ist die heutige Wirtschaftswissenschaft nicht durch klassisch liberale Erkenntnisse geprägt, sondern durch Interventionismus, Dirigismus und Etatismus anderer Stilrichtungen; dazu gehört auch das Denken in Aggregaten und abstrakten Modellen mit der Folge verbreiteter Gesellschaftsklempnerei. Das hat mit Marktwirtschaft kaum etwas zu tun wie

Präludium

mehrere Interpretationen zeigen. Umso erfreulicher ist es, dass die Österreichische Schule der Ökonomik derzeit eine publizistische Renaissance erlebt. Einige Ihrer Vertreter und Anhänger sind nachfolgend vertreten. Für alle Beiträge gilt: Die Interpretationen verbessern unser Verständnis über die Funktionsweise von Wirtschaft und Gesellschaft.

The Standards haben in der Musik im Great American Songbook einen Platz gefunden. Herausragende Songs der amerikanischen Unterhaltungsmusik sind dort versammelt, ohne dass ihre Zahl abschließend festgelegt wäre. Ökonomische Anthologien gibt es viele, liberale wenige, wenn darunter Auswahlbibliotheken kurz vorgestellter Bücher verstanden werden. Eine Marktlücke besteht für eine Anthologie herausragender Aufsätze. Dazu zählt eine Interpretation des Jahrhundertaufsatzes von Ludwig von Mises „Die Wirtschaftsrechnung im sozialistischen Gemeinwesen" aus dem Jahr 1920. Die Kernaussage sollte jeder gebildete Mensch kennen. Schließlich handelt es sich

> *„Jede wirtschaftliche Veränderung wird ... im sozialistischen Gemeinwesen zu einem Unternehmen, dessen Erfolg weder im vorhinein abgeschätzt noch auch später rückschauend festgestellt werden kann ... Sozialismus ist Aufhebung der Rationalität der Wirtschaft."*
>
> Ludwig von Mises

um den Nachweis, dass im Sozialismus keine rationale Ressourcenverteilung möglich und folglich ein Zusammenbruch unvermeidbar ist, solange Experten eine Wirtschaft zentral lenken.

Warum dieser und andere Meilensteine des Erkenntnisfortschritts einem breiten Publikum – noch – weitgehend unbekannt sind, hat verschiedene Ursachen: Vor allem handelt es sich um wissenschaftliche Aufsätze, die speziell an die Fachwelt gerichtet sind und regelmäßig weder voraussetzungslos verständlich noch kurzweilig sind. Dem soll mit Hilfe der nachfolgenden Interpretationen ein wenig abgeholfen werden.

Inhaltlich lassen sich die nachfolgend interpretierten Aufsätze verschiedenen Themen zuordnen:

Zu Beginn steht eine der gleichermaßen wichtigsten, aber am wenigsten beherzigten wirtschaftspolitischen Mahnungen, nämlich nicht auf das zu schauen, was man sieht, sondern all das zu antizipieren, was man nicht sieht oder nicht beabsichtigt hat. Es dürfte nicht übertreiben sein, dass jeder staatliche Eingriff in den Markt an einem Verstoß gegen diesen Standard krankt, von Mietpreisbremsen und Mindestlöhnen bis zu Steuern, Rettungspaketen und Konjunkturprogrammen. Eines der am besten verkauften Einführungsbücher in die Wirtschaftspolitik erläutert Frédéric Bastiats gerade erwähntes Diktum „Was man sieht und was man nicht sieht": Die Rede ist von Henry Hazlitts „Economics in one lesson" (in deutscher Übersetzung: Die 24 wichtigsten Regeln der Wirtschaft). Bastiat steht mit seiner unnachahmlichen „Petition der Kerzenmacher" auch am Ende des Interpretationsreigens der Standards.

Präludium

Es folgen mehrere Aufsätze zur Methodik der Wirtschaftswissenschaft. Das klingt trocken, ist es aber nicht. Hier geht es um das vielleicht spannendste Thema überhaupt, um des Pudels Kern: Was ist Marktwirtschaft? In einer Zeit, in der Unternehmer als Ausbeuter, sozial verpflichtete Arbeitgeber oder Reiche gelten, bei denen etwas zu holen ist, bleibt eine Richtigstellung unentbehrlich. Unternehmer sind die Helden des Alltags. Weniger pathetisch formuliert sind Unternehmer diejenigen, die dem Markt durch Entdeckung von Lücken und durch Innovationen die Wohlstandsdynamik für alle verleihen. Die herkömmlichen Betrachtungen machen die Rechnung ohne den Menschen, um mit Wilhelm Röpke zu sprechen. Dazu gehört auch der Irrtum, wirtschaftliche Entwicklungen treffsicher prognostizieren zu können. Vertreter der Österreichischen Schule weisen treffend darauf hin, dass lediglich Mustervorhersagen möglich sind, weil menschliches Handeln für exakte Prognosen zu komplex ist. Mustervorhersagen ergeben sich aus ökonomischen Gesetzmäßigkeiten. Beispielsweise verknappen Mietpreisbremsen das Wohnangebot und Mindestlöhne verbieten

> *„Freiheit und eine gute Regierung schließen einander nicht aus; und es gibt ausgezeichnete Gründe, warum beide sich zusammenfinden sollten; aber sie kommen beide nicht notwendigerweise zusammen vor."*
>
> Lord Acton

Dienstleistungen unterhalb eines Preises, so dass Arbeitsplätze wegfallen oder nicht entstehen. Zum Verständnis von Marktwirtschaft gehört auch das Wissen um zivilgesellschaftliche Lösungen für vermeintlich exklusive „öffentliche Güter", die von der Nobelpreisträgerin Elinor Ostrom besonders intensiv erforscht wurden und hier vorgestellt werden. Deutlich wird, dass Menschen am besten selbst ihre Geschicke in die eigenen Hände nehmen, gerade wenn es um Gemeinschaftsinteressen geht. Zusammen mit weiteren Interpretationen, etwa zur Funktion von Preisen, geht es bei diesen Standards um die Essenz von Wirtschaft und Gesellschaft als Ausdruck menschlichen Handelns.

Freiheit als Weg zur Geschichte und der Geschichte – das ist kein selbstverständlicher Ansatz. Zugleich ist das schiefe Bild der Historiker vom Kapitalismus revisionsbedürftig. Historische Narrative prägen die Beurteilung unseres Alltags, auch wenn sie falsch sind. Diese Erkenntnis vertritt ein weiterer Nobelpreisträger, Friedrich August von Hayek, während der katholische Liberale Lord Acton Ansätze für eine Freiheitsgeschichte entwickelt hat.

Gegen Mythen richten sich weitere Texte. Dazu gehört das vernachlässigte Feld der Politischen Ökonomie: Regulierung dient nicht den Konsumenten. Erklärungsbedürftig ist, warum sie von Politikern dennoch auf den Weg gebracht wird. Ein weiterer Mythos ist die Nachfragestimulierung, die entgegen landläufiger Meinungen nicht automatisch zu mehr Arbeit führt. Dass hier die Rechnung ohne den Wirt gemacht wird, ohne zu verstehen, welche Funktion Preise haben, verbindet den Beitrag mit den Texten über das (Un)Verständnis von Marktwirtschaft. Die rationale Sichtweise der Ökonomie bietet eine weitere Einsicht, nämlich Umweltprobleme als Konflikte um die Nutzung knapper Ressourcen abzugrenzen vom dogmatischen Ökologismus der Umweltbewegung. Indes bleiben Zweifel, ob Sicherheit ein Gut wie jedes andere auch ist, was der einflussreiche Aufsatz von Gustave de Molinari als Vorläufer des Anarchokapitalismus zu zeigen versucht.

Was ist zu tun? Eine Erneuerung des klassischen Liberalismus sollte sich mit der Spaltung des klassischen Liberalismus in einen rechten (konservativen) wirtschaftsliberalen und einen linksliberalen bürgerrechtlichen Flügel befassen, die Murray N. Rothbard aufhebt.

The Standards sind das Ergebnis persönlicher Vorlieben und Schwerpunkte. Die Auswahl der Autoren und Aufsätze folgt keiner Norm. Die Texte sind individuelle Interpretationen, die sich hinsichtlich Länge, fachlicher Tiefe und Stil unterscheiden. Gemeinsam ist ihnen der Standard-Aufbau: Aufsatzthema benennen, Bedeutung skizzieren, Autor vorstellen, Inhalt des Aufsatzes wiedergeben und repräsentative Zitate anführen.

Die Phantasie anregen, den Leser zum Nachdenken bringen, vielleicht sogar inspirieren, das ist ein hehres Ziel, das mit *The Standards* verbunden ist. Durch eigenes Nachdenken über das Gelesene zu neuen Erkenntnissen gelangen, das ist das Minimalziel, das die Autoren erreichen möchten.

Ein Standard kann formalisiert werden oder in einem nicht-formalisierten Regelwerk beschrieben sein. In der Regel ergeben sich Standards indes ungeplant. So verhält es sich auch mit den nachfolgenden Aufsätzen. Vorteile von Standards liegen in reduzierten Transaktionskosten – das Rad muss nicht neu erfunden werden, viele Menschen haben sich bereits darauf verständigt, was ein Rad ausmacht – und zugleich in erhöhter Effizienz, zumal Vertragsverhandlungen vereinfacht werden. Sollten die nachfolgenden Ansichten zu Standards werden, wäre das hilfreich für eine freie Gesellschaft.

Zu diesem Zeitpunkt ist geplant, *"The Standards. Klassisch liberale Aufsätze neu interpretiert"* auf einer Veranstaltung in Berlin zu präsentieren und die Vorstellung der Artikel als Podcasts aufzuzeichnen. Dankenswerterweise übernehmen das die „Sons of Libertas". So kann neben dem nachfolgenden rein publizistischen Pendant zu einem Konzert auch ein auditives Erlebnis entstehen. Die Beiträge werden den Lesern und auch allen, die nur hören wollen, auf der Seite von „Forum Freie Gesellschaft" als kostenloser Download zur Verfügung stehen.

The Standards möchte einen Einblick in die Vielfalt wissenschaftlicher Aufsätze geben, die Erkenntnisse und Perspektiven bieten, die unser Leben kennzeichnen und deren Wissen uns bereichert. Die Grundmelodie ist unüberhörbar die der Freiheit. Weniger bürokratische Entscheidungen und mehr bürgerliche Selbstverantwortung ist ein mehrfach auftauchender Refrain. Er passt zum Klassischen Liberalismus, der ein weltweit wachsendes Phänomen darstellt, wie sich an der Zahl von Organisationen, Publikationen und Studenten für die Freiheit ablesen lässt. Die Menschen in Deutschland und Europa werden von einer Rückbesinnung auf den Klassischen Liberalismus profitieren, weil sie als individuelle Lebewesen wieder in den Mittelpunkt rücken werden. Dieser Band stellt selbst keineswegs den Anspruch, einen Standard zu setzen, und kann nur ein erstes Album sein.

Michael von Prollius
Berlin, Dezember 2014

Was man sieht und was man nicht sieht

Frédéric Bastiat

interpretiert von Helmut Krebs

Aufsatzthema

Bastiat zeigt die Kurzsichtigkeit staatlicher Eingriffe in die Wirtschaft auf, die nicht zu den Ergebnissen führen, die angestrebt werden, sondern zu solchen, die bestenfalls einer Minderheit nutzen.

Bedeutung

Durch zahlreiche Beispiele, die sich leicht auf die heutige Lage übertragen lassen, lernen wir zu durchschauen, dass die angepriesenen Vorzüge wirtschaftspolitischer Versprechungen tatsächlich wirtschaftliche Dummheiten sind.

Autor

Claude Frédéric Bastiat (1801–1850), Unternehmer und Landwirt, Freimaurer, ökonomischer Publizist und Denker, liberaler Politiker, brillanter Autor, bedeutendster Vertreter des klassischen Liberalismus in Frankreich Mitte des 19. Jahrhunderts, Freund und Kampfgefährte Richard Cobdens, des wichtigsten Vertreters der Freihandelsbewegung Englands, die heute als Manchester-Liberalismus verunglimpft wird, Anführer der französischen Freihandelsbewegung, Dozent für Ökonomie,

Mitglied des Generalrats seines Heimatkantons, Friedensrichter, Abgeordneter der verfassungsgebenden Versammlung, Abgeordneter der gesetzgebenden Versammlung, Teilnahme am Friedenskongress in Paris 1848.

Inhalt

„Dies ist der ganze Unterschied zwischen einem guten und einem schlechten Ökonomen: Der eine klebt an der *sichtbaren* Wirkung, der andere berücksichtigt sowohl die Wirkung, die *man sieht* als auch diejenige, die man *vorhersieht*."

Ich stelle mir Frédéric Bastiat als einen kleinen pfiffigen, aber auch kränklichen Jungen vor, der, früh Waise geworden, von seinen Mitschülern im Internat häufig gehänselt wird, aber mutig mit spitzer Zunge zurückzahlt, was er schuldig ist, und auf diese Weise seine künftigen Waffen im Kampf für Freiheit und gegen Dummheit schmiedet: Witz und Wortgewandtheit. Er wird als Erwachsener von ebensolchen breitmäuligen, aber schwerfälligen Bauern in seiner aquitanischen Heimat nördlich der Pyrenäen in das Regionalparlament gewählt, damit er für sie die Zumutungen der Zentralregierung abwehrt. Sie vertrauen auf seine messerscharfen Argumente, seine Unbestechlichkeit und die erprobte Tapferkeit vor dem überlegenen Feind.

Seine fleißige publizistische Tätigkeit, der Scharfsinn seiner Argumente und die unübertroffene Meisterschaft im Fach „Verständliche Erklärung verwickelter ökonomischer Sachverhalte" bringen ihm so viel Sympathie und Anerkennung ein, dass seine Landschaft ihn im Zuge der Revolution von 1848 in die verfassungsgebende Versammlung und anschließend in die gesetzgebende wählt. Dort trifft er wieder auf jenen Feind, den er schon gut kennt: den selbstgefälligen Vertreter staatlicher Macht, der darauf aus ist, zu seinen Gunsten die fleißigen Menschen des Landes um die Früchte ihrer Arbeit zu bringen und einen Teil, nach Abzug der Kosten seiner eigenen Ausgaben, gezielt solchen Klientelen zuzuschieben, auf deren Stimmen er bei der nächsten Wahl schielt. Bastiat ist herausgefordert, die irreführenden kurzsichtigen Begründungen dieser eigennützigen politischen Klasse zu widerlegen. Er meistert es mit der ihm eigenen Brillanz. Sein Aufsatz „Was man sieht und was man nicht sieht" legt Zeugnis ab vom Kampf der Wahrheit gegen die Vernebelung.

Ein Beispiel:

Haben Sie nie jemand sagen hören: „Die Steuer ist die beste Anlage, ist befruchtender Tau. Sehen Sie, wie viele Familien sie leben lässt, und folgen Sie in Gedanken ihrem vielfachen Widerhall in der Industrie: Sie ist das Unendliche, das Leben." Die Vorteile, die die Beamten dabei haben, ein Staatsgehalt zu beziehen, sind, was man sieht*. Das Wohl, das daraus für ihre Lieferanten entsteht, ist wieder,* was man sieht*. Es springt in die Augen unseres Körpers.*

Aber den Nachteil, den die Steuerzahler erleiden, wenn sie dies alles bezahlen, sieht man nicht, *und den Schaden, der daraus für ihre Lieferanten entsteht,* sieht man noch weniger, *obwohl dies in die Augen des Geistes springen müsste.*

Wenn ein Beamter zu seinem Vorteil hundert Sous mehr *ausgibt, schließt dies ein, dass ein Steuerzahler* hundert Sous weniger *zu seinem eigenen Nutzen ausgibt. Aber die Ausgabe des Beamten ist* sichtbar, *weil sie getan wird, während die des Steuerzahlers* unsichtbar *ist, weil man sie – leider – verhindert.*

Sie vergleichen die Nation mit ausgetrockneter Erde und die Steuer mit einem fruchtbaren Regen. Nun gut. Aber sie müssen auch fragen, wo die Quellen dieses Regens sind, und ob es nicht eben genau die Steuer ist, die die Feuchtigkeit aus dem Boden pumpt und ihn austrocknet.

Sie müssen sich außerdem fragen, ob der Boden so viel von dem kostbaren Regenwasser erhalten kann, wie er durch die Entwässerung verliert.

Fest steht jedenfalls: Wenn Hans Biedermann hundert Sous für den Steuereintreiber abzählt, erhält er nichts dafür. Wenn nachher ein Beamter diese hundert Sous ausgibt und sie Hans Biedermann gibt, erhält er dafür den Gegenwert an Weizen oder Arbeit. Das Endresultat ist, dass Hans Biedermann einen Verlust von fünf Franc hat. ...

Wenn Hans Biedermann einem Beamten hundert Sous für einen wirklich nützlichen Dienst zahlt, verhält es sich genau so, als ob er diese hundert Sous einem Schuster für ein Paar Schuhe gibt. Beide geben und sind danach quitt. Aber wenn Hans Biedermann einem Beamten hundert Sous gibt und dafür keinen Dienst oder sogar Schikanen erhält, ist dies als ob er sie einem Räuber geben würde. Es hilft nichts zu sagen, dass der Beamte diese hundert Sous zum großen Nutzen der nationalen Arbeit ausgeben wird; genauso hätte es der Räuber auch gemacht; genauso hätte es auch Hans Biedermann selbst gemacht, wenn er auf seinem Wege weder dem ungesetzlichen noch dem gesetzlichen Parasiten begegnet wäre.

Gewöhnen wir uns also an, die Dinge nicht nur danach zu beurteilen, was man sieht, sondern auch danach, was man nicht sieht.

Die weiteren Kapitel seines berühmten Aufsatzes behandeln die folgenden Fragen:

- ❖ Bringt eine zerbrochene Scheibe (oder die Unkosten staatlicher Verschwendung) wirtschaftlichen Nutzen?
- ❖ Müssen Entlassungen durch den Staat verhindert werden?

- ❖ Welchen volkswirtschaftlichen Nutzen haben die Subventionierung von Theater und Künsten?
- ❖ Bringen öffentliche Arbeiten mehr Wohlstand?
- ❖ Sind die Handelsgewinne unmoralisch?
- ❖ Schützen Einfuhrbeschränkungen die heimischen Produzenten?
- ❖ Erzeugen neue Maschinen Arbeitslosigkeit?
- ❖ Sind staatliche Darlehensbürgschaften nützlich?
- ❖ Sind staatliche Kolonialausgaben nützlich?
- ❖ Wie wirken sich Konsumausgaben einerseits und Sparen andererseits für die Wirtschaft aus?
- ❖ Kann es ein Recht auf Arbeit und ein Recht auf Gewinn geben?

Seine Schrift ist unverändert aktuell. Wir kämpfen noch immer gegen das süße Gift der geistigen Verführung. Man redet uns noch immer ein, dass mit Steuermitteln Konjunkturankurbelungsprozesse ausgelöst werden, dass gesetzliche Regelungen von Arbeitstarifen Gerechtigkeit schaffen, dass Staatshilfen an bankrotte Unternehmen Arbeitsplätze retten könnten. Wir retten Banken, regeln Mietpreise, subventionieren Nahrungsmittel. Wir sehen noch immer nur das, was man sieht, die unmittelbare Wirkung, aber nicht die Reihe von Wirkungen, die im Weiteren und später folgen. Es verhält sich wie bei der Moral, denken wir an Trunksucht oder Völlerei: Oft ist die erste Frucht einer Gewohnheit umso süßer, je bitterer die späteren sind. Nur durch schmerzhafte Erfahrung lernen wir, diese bitteren Früchte, die wir voraussehen können, zu bedenken und von den süßen Verlockungen Abstand zu nehmen. Aber die Berufspolitiker wollen genau das nicht, sie wollen nicht, dass wir lernen, die weiteren Wirkungen ihrer Eingriffe vorauszusehen und vernebeln mit ihren Reden und verdrehten Wörtern unsere

Gedanken. Bastiats Schriften sind eine höchst vergnügliche Lektüre. Ihre Denkübungen schärfen unseren Verstand und helfen uns, tiefer zu blicken und vorauszuschauen.

Bastiat war es nicht vergönnt, den wuchernden Moloch des Zentralstaates aufzuhalten und zurück zu stutzen. Der Etatismus triumphierte und verführte schließlich die Nation zum Weltkrieg.

Gerade erst fünfzig Jahre alt, erkrankte er an Tuberkulose. Er reiste zur Linderung seines Leidens nach Italien und verstarb dort unter einer tröstlichen Sonne des Südens. Alle Liberalen, die seine Werke gelesen haben, lieben ihn.

Zitate

„Der Staat ist die große Fiktion, mittelst der sich jedermann bemüht, auf Kosten von jedermann zu leben."

„Zu viele Menschen fürchten die Freiheit, als dass diese Besorgnis nicht aufrichtig gemeint sein sollte."

„Die Maschinen zu verfluchen heißt, den menschlichen Geist zu verfluchen."

Quelle

Claude Frédéric Bastiat: Was man sieht und was man nicht sieht, erschienen 1850, deutsche Übersetzung in: Marianne und Claus Diem (Hg.): Ein Claude-Frédéric-Bastiat-Brevier, Thun 2001, 107-152.

What Should Economists Do?

James M. Buchanan

interpretiert von Wolf von Laer

Aufsatzthema

Buchanan formuliert einen methodologischen Appell: Ökonomen sollen sich nicht auf Maximierung und Allokation als zentrale Paradigmen konzentrieren, sondern auf Tauschverhältnisse und die sich daraus entwickelnden Institutionen.

Bedeutung

Buchanan legt dar, dass die Volkswirtschaftslehre von heute mit ihrem Fokus auf Allokation dazu führt, dass Ökonomen zu sozialen Planern geworden sind, welche aufgehört haben zu analysieren, wie Märkte und Tausch innerhalb von verschiedenen Institutionen funktionieren. Buchanan spricht sich für eine fundamentale Alternative im Denken der Ökonomen aus, bei dem der Tauschprozess in den Mittelpunkt rückt.

Autor

James McGill Buchanan (1919-2013), amerikanischer Volkswirt und Träger des Nobelpreises für Wirtschaftswissenschaften von 1986. Buchanan hat maßgeblich die Public Choice Theorie geprägt und bekannt gemacht. Zu seinen bekanntesten Werken gehören der Public Choice-Klassiker „The Calculus of Consent" (mit Gordon Tullock, 1962), sein betont subjektivistisches Buch zur Preistheorie „Cost and Choice" (1969) und „Democracy in Deficit" (mit Richard Wagner, 1977), ein Buch über den Einfluss von Keynes' Ideen auf die Fiskalpolitik in den Vereinigten Staaten.

Inhalt

Die Volkswirtschaftslehre hat sich mit ihrer Konzentration auf die Allokation von knappen Produktionsmitteln von ihrem eigentlichen Kern entfernt. Buchanan würde selbst das Wort Volkswirtschaftslehre, welches im Englischen nicht existiert, als gänzlich irreführend erachten. Auf den ersten Seiten seiner Rede über die Aufgabenstellung des Ökonomen, welche er 1963 beim Treffen der Southern Economic Association vortrug, macht er deutlich, dass die Gesellschaft nicht der Adressat für wirtschaftliche Analysen sein kann. Der Staat ist nicht das handelnde Objekt in der Ökonomie. Märkte sind kein Mittel, um staatliche Ziele zu erreichen. Die Ökonomie soll sich auf den Tausch an sich, in jeglicher Form und in jeglichem institutionellen Rahmen, konzentrieren. Das Volk kann natürlich betrachtet werden, aber es ist weder das Ziel der Ökonomie dessen Bedürfnisse zu befriedigen, noch kann es als Startpunkt einer ökonomischen Analyse fungieren. Buchanan spricht sich in seiner Rede für eine Rückkehr zur Politischen Ökonomie aus, welche sich auf katallaktische (den Tausch betreffende) Prozesse konzentriert.

Worauf das Problem zurückzuführen ist

Von dieser Perspektive wichen und weichen viele Ökonomen ab. Buchanan führt dies auf Lionel Robbins' berühmten Essay über

Das Wesen und die Bedeutung der Wirtschaftswissenschaft zurück. Die weithin bekannte Formulierung der Ökonomie als Wissenschaft, welche sich mit der Verteilung von knappen Gütern zu im Wettbewerb stehenden Zielen befasst, geht auf Robbins zurück. Robbins hat indes nie deutlich gemacht, wer oder was über Ziele entscheidet. Folglich haben sich Ökonomen zumeist auf den Staat und dessen gesellschaftspolitische Ziele konzentriert. Das Individuum war zwar immer noch von Bedeutung, aber es wurde bei derartigen Analysen häufig aus dem Blick verloren. Infolgedessen wird oftmals die positive ökonomische Analyse zu einer Normativen, bei welcher der Ökonom soziale, aggregierte Ziele für den Staat setzt und diese unter Nebenbedingungen maximiert. Buchanan legt dar, dass es keine objektive Methode gibt, den Inhalt solch einer sozialen Nutzenfunktion abzuleiten. Ökonomen bekennen sich zwar zur wertfreien Analyse, jedoch hat Robbins' Definition der Wissenschaft den Übergang von der positiven zur normativen Analyse vernebelt. Ökonomen werden durch die Robbins'sche Formulierung oftmals zu normativen sozialen Planern.

Zusammengefasst

James Buchanan appelliert mit seinem Essay an seine Fachkollegen, die Wirtschaft als Prozess der Anpassung und der individuellen Entscheidungen zu sehen. Die Ökonomie könne sich nicht ausschließlich auf Gleichgewichte konzentrieren. Er spricht sich für einen methodologischen Individualismus aus, welcher wertfrei ist und die Ziele der Individuen als exogen betrachtet. Die Erreichung der Ziele des Staates oder der Gesellschaft sind das Aufgabengebiet des sozialen Planers und nicht des Ökonomen. Die Ökonomie umfasst alle menschlichen Handlungen, bei denen Individuen im Austausch stehen und durch diesen Prozess (mit oder ohne Absicht) institutionelle Entwicklungen herbeiführen.

Appell mit großer Bedeutung

Warum sollte Buchanans Appell jedem Sozialwissenschaftler zu denken geben? Zunächst erlaubt die theoretische Perspektive der Katallaxie menschliches Handeln in seiner Komplexität und seinen oftmals unbeabsichtigten Auswirkungen (Prozesse der *spontanen Ordnung*) zu verstehen. Dadurch können Handlungen in Märkten, im politischen Nexus und innerhalb kollektiver Entscheidungsfindung mit denselben theoretischen Instrumenten analysiert werden.

Das vorherrschende Paradigma der Maximierung innerhalb der reinen „Logik des Handels" raubt Handlungen jeglichen individuellen Entscheidungsraum. Es werden keine Entscheidungen durch Individuen getroffen, sondern die Akteure reagieren nur darauf, was der Ökonom den Variablen der Nutzen- und Kostenfunktionen an Werten zuweist.

Die methodologische Blindheit jener Ökonomen, die sich primär auf den Verteilungsaspekt der Wirtschaft konzentrieren, kann mit einem Beispiel verdeutlicht werden: Elinor Ostrom (siehe dazu den nachfolgenden Beitrag von Christian Hoffmann), hat aufgezeigt, dass die Tragik der Allmende nicht nur durch die Zuteilung von Eigentumsrechten oder durch Intervention von Drittparteien gelöst werden kann. Die maßgeblich von Buchanan und der Public Choice-Theorie beeinflusste Nobelpreisträgerin Ostrom legt dar, dass das Allmendeproblem mit vielerlei Ansätzen gelöst werden kann, solange diese Lösungsansätze gewissen Designprinzipien folgen. Ostrom folgt Buchanans Ansatz der Politischen Ökonomie und analysierte die

Interaktionen von Menschen und den daraus resultierenden institutionellen Rahmen. Ihre Arbeit über die Verwaltung der Common-Pool-Ressourcen brachte ihr 2009 den Wirtschaftsnobelpreis ein. Robbins'sche Ökonomen hätten indes a priori Marktversagen festgestellt und nach dem Staat als wohlfahrtsmaximierendem Agenten gerufen. Die methodologisch einschränkende Sichtweise der Maximierung von Funktionen unter Bedingungen der Knappheit grenzt viele Fragestelllungen aus, was Buchanan zu der Aussage veranlasste, dass sich die Ökonomie balkanisiere. Weiterhin neigt der Ökonom der Robbins'schen Prägung dazu, in eine normative Analyse abzudriften und dadurch zum sozialen Planer zu werden, der die Gesellschaft zu ändern, aber dabei nicht das menschliche Handeln zu verstehen sucht. James Buchanans berühmter Essay *What Should Economists Do?* wirkt dem entgegen.

Zitate

„Sobald das Analyseformat in Allokationsbegriffen festgelegt ist, steht eine Lösung schon mehr oder weniger fest. Unsere ganze gesamte Disziplin entwickelt sich zu einer angewandten Maximierung einer relativen einfachen Rechenart... Wenn die Ökonomie wirklich nicht mehr ist als das, dann könnten wir sie auch komplett den angewandten Mathematikern überlassen."

James M. Buchanan

„Soweit Individuen als frei agierende Einheiten tauschen und handeln, ist das dominante Charakteristikum ihres Verhaltens „ökonomisch". Und das erweitert, selbstverständlich, unseren theoretischen Horizont über den üblichen Preis-Geld-Nexus hinaus... Die Ökonomie ist das Erforschen vom umfassenden System der Tauschbeziehungen."

„Die Konzentration auf Methodologie wird keine Probleme an sich lösen, jedoch sollte man sich wenigstens der Probleme bewusst sein."

Quelle

James M. Buchanan: What Should Economists Do?", in: Southern Economic Journal 30 (1964) 3, 213-222.

Der andauernde Methodenstreit der Österreichischen Schule

Jesús Huerta de Soto

interpretiert von Malte Kähler

Aufsatzthema

Professor Huerta de Soto argumentiert in diesem Aufsatz, dass der Methodenstreit in der Volkswirtschaftslehre noch lange nicht beigelegt ist. Er zeigt auf, worin sich das neoklassische Paradigma von der Österreichischen Schule unterscheidet und gibt einen Einblick in die seit mindestens einem Jahrhundert anhaltende Auseinandersetzung um die besten Ideen.

Bedeutung

Weder die neoklassischen Theorien, noch die Spielarten des Keynesianismus konnten die jüngste Finanz- und Schuldenkrise zufriedenstellend erklären. Es ist daher an der Zeit, heterodoxe Schulen wieder in die Lehrpläne der VWL an den Universitäten zu integrieren. Die Österreichische Schule ist eine dieser Strömungen und liefert frische Perspektiven, die lange vergessen schienen und nun neuen Aufwind erfahren.

Autor

Jesús Huerta de Soto (1956 in Madrid geboren) promovierte sowohl in Rechtswissenschaften als auch in Ökonomie und hält darüber hinaus einen MBA der Universität Stanford. Er ist Lehrstuhlinhaber in Ökonomie an der König Juan Carlos Universität (URJC) und lehrt zudem an der renommierten Universität Complutense in Madrid. Seit 2007 bietet er an der URJC ein Masterprogramm zur Österreichischen Schule an. Seine Arbeiten wurden vielfach geehrt und ausgezeichnet, zuletzt erhielt er die Hayek-Medaille der Friedrich August von Hayek Stiftung.

Inhalt

Huerta de Soto referierte 1996 auf einer Veranstaltung der Mont Pelerin Gesellschaft in Wien über den aus seiner Sicht noch lange nicht beigelegten Methodenstreit in der Ökonomie. Wenige Jahre nach dem Mauerfall und dem Zusammenbruch des Ostblocks betont er, dass dieses Ereignis für viele Neoklassiker überraschend käme, da sie das Funktionieren des sozialistischen Wirtschaftssystems nicht wie die Österreicher ausschließen konnten.

Daher greift der spanische Professor das Thema, dessen Gedanken er später in seinem Buch zur „Theorie der dynamischen Effizienz" veröffentlicht, in seinem Vortrag auf, den er in drei Abschnitte gliedert. Zunächst nennt er die wichtigsten Unterschiede zwischen der Neoklassischen und der Österreichischen Schule, gefolgt von einer Zusammenfassung des Methodenstreits, der im Jahr 1871 mit der Veröffentlichung von Carl Mengers Buch „Grundsätze der Volkswirtschaftslehre" begann und über verschiedene Runden bis heute anhält. Zum

Schluss geht er auf Kritik an der Österreichischen Schule ein und verteidigt die Position, dass die Österreicher über die zutreffende Methode zur volkswirtschaftlichen Analyse verfügen.

Die wesentlichen Unterschiede der zwei Denkschulen:

Das Österreichische Paradigma beruht auf einer Handlungstheorie und nicht, wie in der Neoklassik, auf einer Entscheidungstheorie. Die Österreichische Schule in der Tradition von Menger und Mises legte den Fokus von Anfang an auf die Handlung (*Human action*) der ökonomischen Subjekte und auf den Prozess, der diese Handlungen unter den Bedingungen unvollständigen Wissens entstehen lässt und sie koordiniert. Konkret wird das sehr enge Entscheidungsmodell der Neoklassik kritisiert, welches seit Lionel Robbins von der Annahme vollständigen Wissens ausgeht und somit das ökonomische Problem auf ein rein technisches Entscheidungs- oder Maximierungsproblem reduziert. Der so zum reinen „Automaten" karikierte Untersuchungsgegenstand *homo oeconomicus* reagiert bloß passiv auf externe Anreize und hat daher wenig mit dem komplexen Menschen zu tun.

Nicht objektive Rahmenbedingungen, sondern subjektives und individuell interpretiertes Wissen bestimmen den ökonomischen Prozess. Die Wirtschaftssubjekte verfügen nicht über vollständiges und objektives Wissen ihrer Umwelt, sondern interpretieren diese individuell vor dem Hintergrund ihrer Erfahrungen und ihres lokalen Wissens. Somit erkennen sie unterschiedliche Chancen und Knappheitsverhältnisse oder spekulieren aufgrund persönlicher Erfahrungen völlig anders, denn sie nutzen bei der Produktion ihr jeweils lokales, stillschweigendes Wissen (*tacit knowledge*), welches kein Zentralplaner kennen kann. Genau in der Anwendung dieses individuellen Wissens und der subjektiven Interpretation von Chancen und Risiken sieht die Österreichische Schule die *unternehmerische Funktion* der Menschen gegeben.

Die Betonung der Subjektivität gilt auch und vor allem für die Kosten der eingesetzten Ressourcen, d. h. die *Kosten* sind nicht objektiv gegeben, sondern orientieren sich konsequent am Prinzip subjektiver Opportunitätskosten. Das bedeutet, dass Kosten stets durch die subjektive Bewertung bestimmt werden, die der Handelnde den alternativen Zielen beimisst, auf die er durch die Nutzung der Ressource verzichtet.

Der Unternehmer steht im Mittelpunkt der Untersuchung, nicht der homo oeconomicus. Der Begriff des Unternehmers ist bei den Österreichern weiter gefasst als in der Neoklassik und meint nicht allein den Besitzer einer Firma oder einer Produktionsstätte. Vielmehr ist mit der unternehmerischen Funktion das subjektive Interpretieren der individuellen Informationen gemeint und das daraus abgeleitete Handeln aller Akteure, um die jeweils individuellen Ziele zu erreichen. In einer neoklassischen Gleichgewichtswelt entsteht kein Profit, da alle Produzenten über dieselben Informationen verfügen und zu Grenzkosten verkaufen. Im österreichischen, dynamischen Modell, generiert hingegen die unternehmerische Funktion (über die alle Wirtschaftssubjekte verfügen) stets neue Informationen und neue Randbedingungen.

Das statische Gleichgewichtsmodell der Neoklassik verkennt die koordinierende unternehmerische Funktion. In der Neoklassik beschränkt sich die Rolle des Unternehmers meist auf die Übernahme des Risikos – und allein daraus speist sich der Profit. Diese Schule verkennt die tatsächlich koordinierende Funktion der Unternehmer, welche die Informationen über Knappheit, Bedürfnisse und Vorhandensein von Produktionsmitteln durch ihre Handlungen erst generieren und durch das Preissystem übermitteln. Daher ist das dynamische Modell der Österreicher tatsächlich in einem ständigen Ungleichgewicht, in dem zu jeder Zeit eine Vielzahl profitabler Handlungsmöglichkeiten bestehen. Durch das Wahrnehmen dieser Möglichkeiten kann der spontane Prozess der Koordination entstehen, welcher die Märkte zu einem Gleichgewicht tendieren lässt.[1] Die Lösung von Maximierungsproblemen wie sie VWL-Studenten anhand der Lagrange-Funktion für Situationen vollständig gegebenen Wissens erlernen, verkennt aus österreichischer Sicht deshalb völlig den Gegenstand des ökonomischen Erkenntnisinteresses. Für die Österreichische Schule besteht das ökonomische Problem nämlich darin, den dynamischen Prozess der sozialen Koordination zu erforschen und nicht in der realitätsfernen Frage, welcher Art die Gleichgewichte unter optimalen Bedingungen sind.[2]

Mathematische Formalismen sind leicht an Universitäten zu vermitteln und in der Lage, statische Gleichgewichte zu illustrieren. Sie scheitern aber daran, die subjektive Wirklichkeit abzubilden. Da die Österreichische Schule die Subjektivität vieler ökonomischer

---

[1] Vgl. Beinhocker, Eric (2006): The Origin of Wealth: Evolution, Complexity, and the Radical Remaking of Economics, Harvard Business School Press: Empirisch scheinen Märkte zum Gleichgewicht zu tendieren, es jedoch nie vollständig zu erreichen. Während sich Gleichgewichtspreise einstellen, bleiben die gehandelten Mengen unterhalb des Gleichgewichts.

[2] Auch hier zeigt sich zumindest Ansatzweise die Kompatibilität der Österreichischen Schule im Vergleich mit modernen, von den Naturwissenschaften inspirierten Ansätzen wie den Complexity Economics (vgl. Beinhocker, 2006, für einen Überblick), welche den Markt als komplexes, adaptives System beschreiben. In diesem System verarbeiten individuelle Agenten mit unvollständigem Wissen jeweils subjektiv Informationen, die über das Netzwerk Markt ausgetauscht werden und so Handlungen induzieren, die koordiniert erscheinen. Über den Zeitverlauf entsteht ein evolutiver Prozess, in dem auch soziale Institutionen entstehen können.

Variablen, wie etwa Wert, Präferenz, Kosten und sogar (die subjektive) Zeit betont, bedürfen ökonomische Phänomene vor allem einer korrekten verbalen Beschreibung. Diese ist viel zutreffender als es eine mathematische Formel sein kann, die notwendigerweise vom Wesen der Dinge abstrahieren muss. Diese Kritik gilt ganz besonders für die Makroökonomie, welche nicht nur mikroökonomische Phänomene homogenisiert, die in Wahrheit heterogener Natur sind, sondern Variablen durch Aggregation auf ein Maß zusammenfasst, welches die wesentlichen Aktivitäten auf der Mikroebene verschleiert.

Schließlich stehen die Vertreter der Österreichischen Schule (mikro- und makroökonomischen) Prognosen sehr kritisch gegenüber. Aufgrund des schieren Umfangs der Informationen, die dazu noch subjektiver Natur sind und sich stets dynamisch ändern, können keine spezifischen Vorhersagen über den Zustand des Wirtschaftssystems getroffen werden. Allenfalls können sogenannte Mustervorhersagen (*pattern predictions*) formuliert werden, welche theoretischer Natur sind.

Nach diesen Erläuterungen werden die Runden des Methodenstreits behandelt. Mit diesem Begriff wird eine seit dem 19. Jahrhundert geführte, akademische Auseinandersetzung über die in den Sozialwissenschaften – und insbesondere in der Ökonomie – anzuwendenden Methoden bezeichnet. Der Schlagabtausch erfolgte in mehreren Runden: Zunächst griff Carl Menger die im deutschen Sprachraum vorherrschende Historische Schule an und legte den Grundstein des österreichischen Paradigmas zusammen mit der Idee sozialer Institutionen, die aus einem evolutiven Prozess entstehen können. Wichtig war hierbei die Einsicht, dass Erkenntnisse nicht aus dem Studium historischer Daten, sondern aus ihrer *Interpretation* gestützt auf zutreffende Theorien entstehen.

Die zweite Runde, die von Böhm-Bawerk gegen John Bates Clark gefochten wurde, gipfelte im wohl bedeutendsten Schlagabtausch zwischen Mises, Hayek und Mayer gegen die Vertreter des Sozialismus und des Keynesianismus. Mises argumentiert, dass ökonomisches Wirtschaften im Sozialismus unmöglich sei (siehe den nachfolgenden Beitrag von Edith Puster), da bei der Vergemeinschaftung der Produktionsgüter keine Marktpreise als Signale zur Verfügung stünden. Hayek ergänzte dieses Argument um seine Ausführungen zur Natur des *stillschweigenden* und auf alle Wirtschaftsteilnehmer *verteilten Wissens*, welches selbst ein benevolenter Zentralplaner unmöglich kennen könne.

Für den spanischen Professor ist der Methodenstreit jedoch noch lange nicht vorbei. Eine vierte Runde zwischen den sogenannten Neo-Austrians und dem Mainstream der Ökonomie dauert noch an und gewinnt durch die zunehmenden Erklärungsnöte und die Beschränktheit der neoklassischen Theorie weiter an Bedeutung.

Abschließend werden verschiedene Kritikpunkte behandelt, die vom Mainstream an die Österreicher herangetragen werden. Den von den Neoklassikern vorgeschlagenen Kompromiss eines eklektischen Methodenpluralismus lehnt der Autor jedoch kategorisch ab. Huerta de Soto sieht die Österreicher als Gewinner des Methodenstreits. Zugleich verteidigt er den Umstand, dass die Österreicher wenige empirische Studien produzieren mit dem Hinweis, dass Daten allein noch keine Beweise darstellten und es stattdessen auf die korrekte Deutung der empirischen Daten durch überlegene Theorien ankomme. Den Vorwurf des Dogmatismus gibt er umgehend zurück und gibt dabei zu bedenken, dass der Mainstream sich womöglich deshalb nicht mit den Theorien der Austrians auseinandersetze, weil das Humankapital der im Mainstream geschulten Ökonomen drastisch abnähme, sobald die Österreicher einen prominenteren Platz in der Disziplin einnehmen würden, als sie es heute tun.

Zitate

"The Austrians have been capable of drawing up a theory on the impossibility of socialism which, if it had been taken into account in time, would have avoided enormous suffering for humankind."

"Mathematical formalism is especially adequate for expressing the states of equilibrium that the neoclassical economists study, but it does not allow the inclusion of the subjective reality of time and, much less, the entrepreneurial creativity which are [sic!] essential features of the analytical reasoning of the Austrians."

"No theories may be extracted directly from history but, on the contrary, a prior theory is necessary in order to interpret it appropriately."

Quelle

Jesus Huerta de Soto: The ongoing Methodenstreit of the Austrian School, in: ders.: The Theory of Dynamic Efficiency, Routledge 2008, 31- 60.

Uncertainty, Evolution, and Economic Theory

Armen A. Alchian

interpretiert von Alexander Fink

Aufsatzthema

Alchian argumentiert, dass auf Märkten nicht der Versuch von Unternehmen, *Gewinnmaximierung* zu betreiben, belohnt wird, sondern sich diejenigen Unternehmen durchsetzen, die *Gewinne* erwirtschaften. Angesichts einer unsicheren Zukunft erzielen Unternehmen *Gewinne*, wenn sich ihr Verhalten im Nachhinein als besser an die unbekannten zukünftigen Begebenheiten angepasst erweist als das Verhalten konkurrierender Unternehmen. Die am schlechtesten angepassten Unternehmen erwirtschaften Verluste und scheiden aus dem Markt aus.

Bedeutung

Besseres Verständnis der Zusammenhänge zwischen Ergebnissen von Marktprozessen und Unsicherheit.

Alchian betont, dass Ökonomen auch aus der von ihm vorgestellten evolutorischen Perspektive des Marktgeschehens die Auswirkungen von Veränderungen in der Umwelt der Unternehmen auf die sich am Markt durchsetzenden Unternehmen diagnostizieren und prognostizieren können. Der

Wandel der Eigenschaften erfolgreicher Unternehmen wird jedoch nicht maßgeblich durch Anpassungen innerhalb einzelner Unternehmen herbeigeführt, sondern vornehmlich durch die Eliminierung weniger gut angepasster Unternehmen.

Autor

Armen Albert Alchian (1914-2013), Ökonom, lehrte von 1946 bis 1984 an der University of California, Los Angeles (UCLA), und gab sein Büro dort erst im Jahre 2007 auf; Distinguished Fellow der American Economic Association, Fellow der American Academy of Arts and Sciences und Mitglied der Mont Pelerin Society; Mitbegründer der Neuen Institutionenökonomik, durch die die Berücksichtigung von Transaktionskosten und Regeln, die menschliche Interaktionen strukturieren, verstärkt Einzug in die ökonomische Analyse erhalten hat; Mitnamensgeber des Alchian-Allen Theorems, das besagt: Die Berücksichtigung von Fixkosten in der Produktion von Substitutionsgütern führt dazu, dass das qualitativ höherwertige und teurere Gut relativ zum qualitativ schlechteren Gut günstiger wird und somit die nachgefragte Menge des qualitativ höherwertigen Guts steigt.

Inhalt

Alchians Beitrag kann grob in zwei Teile gegliedert werden. Zunächst erläutert er, warum seiner Ansicht nach das Motiv der Gewinnmaximierung in einer durch eine unsichere Zukunft geprägten Welt bedeutungslos ist. Anschließend geht er auf die Funktionsweise des Marktprozesses als einen Selektionsmechanismus ein, der die Realisierung positiver Gewinne mit dem Verbleib im Markt belohnt, hingegen nicht die Erlangung eines unbekannten Gewinnmaximums. Alchian baut die folgende Argumentation auf:

Gewinnmaximierung unter Unsicherheit ist unmöglich

Ökonomen unterstellen Firmen das implizite oder explizite Streben nach maximalen Gewinnen und bauen auf dieser Annahme ihre Analyse der Entscheidungen von Unternehmen auf. Das Konzept der Gewinnmaximierung ist unter Unsicherheit jedoch bedeutungslos. Unsicherheit resultiert aus der Unvorhersehbarkeit der Zukunft und der menschlichen Unfähigkeit, komplexe Probleme zu lösen, sogar wenn ein Optimum definierbar ist. Angesicht der Unsicherheit wägen Menschen nicht einzelne Ergebnisse alternativer Aktivitäten gegeneinander ab, sondern mit den Aktivitäten einhergehende überlappende *Verteilungen* potentieller Ergebnisse. Menschen entscheiden sich folglich für die Aktion mit der aus ihrer Sicht optimalen Verteilung. Weil die Präferenzen bezüglich der Verteilung potentieller Ergebnisse subjektiv sind, gibt es keine objektive maximale Verteilung.

Erfolg gründet nicht auf Motiven, sondern Ergebnissen

Die Realisierung von Gewinnen ist das entscheidende Kriterium für den Verbleib von Unternehmen im Markt. Unternehmen, die sich relativ schlecht schlagen und Verluste erzielen, scheiden aus. Die Analyse des Marktprozesses rückt die Interaktion vieler statt die isolierten Aktionen einzelner Marktteilnehmer in den Vordergrund, denn der weitgehend unpersönliche Selektionsmechanismus des Marktes ist blind gegenüber den Motiven individueller Akteure. *Maximierte Gewinne* sind irrelevant – Unternehmen konkurrieren nicht mit hypothetischen perfekten Wettbewerbern, sondern mit ihren tatsächlichen Konkurrenten. Unabhängig von zugrunde liegenden Motiven gewinnt der relativ Erfolgreiche. Deshalb gäbe es auch in einer Welt, die ausschließlich aus stupiden Individuen bestünde, Gewinne.

Zufall kann Erfolg bringen

Nehmen wir an, es gäbe kein zielgerichtetes Handeln, keine Motivation und keine Voraussicht. Auch in einer solchen hypothetischen Situation wählt die Umwelt überlebende Einheiten aus. Die zufällig besser angepassten Einheiten werden mit einer höheren Wahrscheinlichkeit überleben. Im Anschluss an die Selektion scheint es, als ob sich die überlebenden Typen von Einheiten besser an ihre Umwelt angepasst hätten. Dabei wurden sie vielmehr von der Umwelt ausgewählt.

Zufall impliziert keine zufällige Verteilung von Ressourcen

Die Annahme zufälligen Verhaltens von Einheiten wie Unternehmen impliziert keine nihilistische Theorie, die Vorhersagen und Erklärungen unmöglich macht. Die Annahme führt auch nicht zu einer Modellwelt, die jegliche Ordnung vermissen lässt. Mit Blick auf die Zukunft können Ökonomen trotzdem Voraussagen tätigen, welche Typen von Unternehmen sich unter alternativen zukünftigen Begebenheiten durchsetzen werden. Mit Blick auf die Vergangenheit können Ökonomen feststellen, welche Eigenschaften zum Erfolg der auf dem Markt verbliebenen Unternehmen beigetragen haben, obwohl die Entscheidungsträger in den Unternehmen sich dieser Faktoren nicht bewusst waren.

Beobachtung langlebiger Unternehmen schließt Zufall als Erfolgsfaktor nicht aus

Allerdings mag bezweifelt werden, dass die Rolle des Zufalls auf Märkten derart gewichtig ist. Langlebige Unternehmen deuten auf nicht-zufälliges Verhalten hin. Gleichwohl lässt sich der Zufall als treibende Kraft nicht ohne Angaben zu der ursprünglichen Zahl konkurrierender Unternehmen ausschließen. Je größer die ursprüngliche Anzahl der Konkurrenten war, desto höher ist die Wahrscheinlichkeit, dass einige von ihnen nach vielen Perioden noch am Markt aktiv sind, auch wenn einzig der Zufall über Erfolg und Misserfolg in jeder Periode entschieden hat.

Intendierte Anpassung von Unternehmen

Bisher haben wir angenommen, Unternehmen versuchten nicht, sich bewusst an derzeitige und erwartete künftige Begebenheiten anzupassen. Jetzt brechen wir mit dieser Annahme und ziehen zielgerichtetes Handeln von Unternehmen in Betracht. Angesichts der Unsicherheit der Zukunft ist, wie bereits oben dargelegt, Gewinnmaximierung kein hilfreiches Entscheidungskriterium. Aber auch optimale Aktivitäten für das Erreichen des weniger anspruchsvollen Ziels der Gewinnerzielung lassen sich angesichts der Unsicherheit der Zukunft nicht bestimmen. Um sich anzupassen, greifen Unternehmen deshalb auf andere Verhaltensweisen zurück.

Imitation der Gewinner

Eigenschaften, die erfolgreiche Unternehmen miteinander teilen, werden mit Erfolg assoziiert und von anderen Unternehmen kopiert, die ebenfalls nach Gewinn streben. Im Zuge des Versuchs, Gewinner zu kopieren, kann es zu zufälligen Innovationen kommen, die ihrerseits zum Erfolg und Misserfolg von Unternehmen beitragen können und im Erfolgsfall ebenfalls kopiert werden. Zu Innovation kann es also auch durch missglückte Imitation kommen.

Versuch und Irrtum – kein geeigneter Wegweiser für einzelne Unternehmen

In einem statischen Umfeld können Akteure durch Experimente schrittweise ihre Situation verbessern. Befindet sich ihre Umwelt in stetem Wandel, ist derartiges Experimentieren jedoch nicht möglich, weil das Ergebnis einer Aktivität nicht mit dem Ergebnis einer alternativen Aktivität verglichen werden kann, ohne dass sich in der Umwelt weitere Faktoren ändern. Versuch und Irrtum werden in einer sich stets wandelnden Umwelt zu einem Prozess, der über Tod und Leben entscheidet und sich für ein *einzelnes* Unternehmen nicht als Wegweiser hin zu einem Optimum eignet.

Evolutorische Perspektive: Konventionelle ökonomische Konzepte weiterhin hilfreich

Mithilfe der aus der Analyse der Firma unter Sicherheit stammenden Konzepte können Ökonomen auch Aussagen darüber treffen, welche Eigenschaften die Anpassungsfähigkeit von Unternehmen erhöhen, wenn bestimmte Veränderungen in der Umwelt der Unternehmen eintreten. Allerdings muss bei ihrem Einsatz, beispielsweise der Analyse einer neuen politischen Maßnahme, berücksichtigt werden, dass die Trefflichkeit der Analyse davon abhängt, wie sehr die tatsächliche ursprüngliche Situation der hypothetischen optimalen ursprünglichen Situation glich. Während das Motiv der Gewinnmaximierung unter Unsicherheit und unvollkommener Information seine Bedeutung verliert, bleiben die aus dem Motiv der Gewinnmaximierung heraus abgeleiteten analytischen Konzepte also potentiell leistungsstark.

Zitate

"Even in a world of stupid men there would still be profits."

"More common types, the survivors, may appear to be those having adapted themselves to the environment, whereas the truth may well be that the environment has adopted them. There may have been no motivated individual adapting but, instead, only environmental adopting."

"Success is discovery by the economic system through a blanketing shotgun process, not by the individual through a converging change."

Quelle

Armen A. Alchian: Uncertainty, evolution, and economic theory, in: Journal of Political Economy 58 (1950) 3, 211-221.

Armen A. Alchian

Rationality, Entrepreneurship, and Economic „Imperialism"

Israel M. Kirzner

interpretiert von Eduard Braun

Aufsatzthema
Die in den Wirtschaftswissenschaften gängige Vorstellung eines Gleichgewichts ist nur im institutionellen Rahmen einer Marktwirtschaft sinnvoll und nur sehr begrenzt auf andere Gesellschaftsbereiche übertragbar.

Bedeutung
Die Koordination der unzählbaren Wünsche und Pläne der einzelnen Akteure in einer Gesellschaft ist keineswegs selbstverständlich, sondern setzt einen funktionierenden und freien Markt voraus, der den Unternehmern Signale in Form von Preisdifferenzen senden kann.

Autor
Israel M. Kirzner (geboren 1930 in London) ist ein amerikanischer Volkswirt und einer der bedeutendsten lebenden Vertreter der Österreichischen Schule der Nationalökonomie. Als Schüler Ludwig von Mises griff er insbesondere dessen Theorie des Unternehmertums auf und entwickelte sie in zahlreichen

Publikationen weiter. Am bekanntesten ist sein Buch „Wettbewerb und Unternehmertum", in dem er die Fokussierung der neoklassischen Theorie auf die Gleichgewichtsanalyse und die damit einhergehende Vernachlässigung der Unternehmerrolle kritisiert. Der emeritierte Professor an der New York University erhielt 2006 den Global Award for Entrepreneurship Research für seine Beleuchtung der Funktion des Unternehmers im Wirtschaftssystem.

Inhalt

Als Aufhänger von Kirzners Aufsatz dient Gary Beckers Buch „Ökonomischer Ansatz zur Erklärung menschlichen Verhaltens". Darin versucht Becker nachzuweisen, dass die Methode der neoklassischen Volkswirtschaftslehre mit ihrer Betonung des Gleichgewichtsgedankens und der vollkommenen menschlichen Rationalität auch auf andere, normalerweise nicht den Wirtschaftswissenschaften zugeordnete Gebiete des Gesellschaftslebens übertragen werden kann. Am bekanntesten ist Beckers Anwendung des neoklassischen Instrumentariums auf den Heiratsmarkt geworden.

Kirzner wendet sich mit klaren und eindringlichen Worten gegen diese heute weit verbreitete Praxis. Er zeigt auf, dass es auf einem Missverständnis der Grundlagen der ökonomischen Theorie beruht, wenn die Gleichgewichtsidee ohne weiteres außerhalb des Marktkontextes verwendet wird. Der Ausgleich der unterschiedlichen Interessen und das Aufdecken der Möglichkeiten für eine wechselseitige Anpassung der individuellen Pläne hin zu einem Gleichgewicht sei nämlich nicht einfach aus dem Nichts gegeben, sondern setze eine treibende Kraft voraus. Diese Kraft sind die in der Marktwirtschaft handelnden, gewinnmaximierenden Unternehmer. Die Unternehmer wiederum könnten nur deswegen ihre ausgleichende Rolle entfalten, weil es in der Marktwirtschaft einen Mechanismus gibt, der das Ausmaß und die Position gesellschaftlicher Fehlanpassungen in Signale umwandelt, an denen sich Unternehmer orientieren können und wollen. Auf Märkten bildeten sich nämlich Preise heraus, wobei die Preisdifferenzen zwischen Input- und Outputmärkten einerseits das Signal für die Unternehmer seien, dass Gewinnmöglichkeiten bestehen, und andererseits ein Maß dafür darstellten, wie groß die Fehlanpassungen und die bisher ungenützten wechselseitigen Tauschpotentiale sind. Indem sich die Unternehmer nun auf diese Gewinnmöglichkeiten stürzen und sie in der Konkurrenz untereinander verringern, beseitigen sie laut Kirzner gleichzeitig Situationen „gesellschaftlicher Suboptimalität".

Die Ursache für eine Koordinierung der Marktakteure hin zum Gleichgewicht sei demnach nicht die Folge vollkommener Rationalität der beteiligten Individuen, wie es die neoklassische Theorie annimmt; sie liege vielmehr in den Institutionen der Marktwirtschaft begründet, welche die Existenz gewinnmaximierender Unternehmer ermöglichen – insbesondere im „individuellen Recht auf Eigentum".

Obwohl der Hintergrund des Aufsatzes eine Auseinandersetzung mit Gary Becker und dem neoklassischen Ansatz im allgemeinen ist, entwickelt Kirzner auf nur wenigen Seiten ein reiches und verständliches Bild der Funktionsweise der freien Marktwirtschaft und erklärt nachvollziehbar, warum die große Koordinationsleistung, die dieses Wirtschaftssystem tagtäglich vollbringt, nicht auf andere Gesellschaftsbereiche übertragen werden kann, denen der entsprechende institutionelle Rahmen fehlt. Der Text ist daher eine lesenswerte Ergänzung zu dem Aufsatz „Die Wirtschaftsrechnung im sozialistischen

Gemeinwesen" von Ludwig von Mises (siehe den Beitrag von Edith Puster in diesem Band).

Zitate

„[D]ie phänomenale Geschwindigkeit, mit der Märkte ständig neue Informationen absorbieren und verarbeiten, scheint eindeutig von dem außergewöhnlichen Umstand abzuhängen, der für Märkte charakteristisch ist, – nämlich daß unausgenutzte Möglichkeiten für wechselseitig vorteilhaften zwischenmenschlichen Tausch in reine Geldgewinnmöglichkeiten transformiert werden, die von Arbitrage betreibenden Unternehmern ausgenutzt werden können. Obwohl es in der Tat ein unternehmerisches Element in allen menschlichen Handlungen gibt, ist es der Markt mit seinen Möglichkeiten für reine unternehmerische Arbitrage, der für die rasanten Anpassungen an exogene Veränderungen verantwortlich ist."

„Außerhalb des Marktkontextes gibt es im Rahmen der ökonomischen Theorie nichts, was verläßlich irgend einen systematisch ablaufenden Prozeß wechselseitiger Entdeckungen erzeugt, der dazu tendieren könnte, durch *schiere Unwissenheit verursachte Phasen sozialer Suboptimalität zu beseitigen."*

Quelle

Israel M. Kirzner: Rationality, Entrepreneurship, and Economic „Imperialism", in ders.: The Driving Force of the Market. Essays in Austrian Economics. London und New York 2000, 258-271; oder in C. Dow und Peter E. Earl (Hg.): Economic Organisation and Economic Knowledge: Essays in Honor of Brian J. Loasby. Cheltenham u.a. 1999, 1-13.

Entrepreneurial Discovery and the Competitive Market Process: An Austrian Approach

Israel M. Kirzner

interpretiert von Kalle Kappner

Aufsatzthema

Israel Kirzner entwickelt mit der Marktprozesstheorie eine Erklärung gleichgewichtiger Tendenzen in der Marktwirtschaft, die die Rolle des Unternehmers betont.

Bedeutung

Die Marktprozesstheorie ersetzt die in der neoklassischen Theorie verwendete vage Metapher des Walrasianischen Auktionators und bietet eine überzeugendere Sichtweise auf die Rolle des Unternehmers in der Marktwirtschaft.

Autor

Israel Meir Kirzner wurde 1930 in London geboren, studierte zunächst in Kapstadt, London und am Brooklyn College, bevor er 1957 an der New York University (NYU) bei seinem Doktorvater Ludwig von Mises promovierte. Auf verschiedenen Lehrpositionen an der NYU tätig, wurde er schließlich 1968 auf eine Professur berufen, die er bis zu seiner Emeritierung innehatte. Kirzner lieferte in einer Fülle von Artikeln und zehn Monographien wichtige Beiträge zur Theorie des Unternehmertums, zur Rolle des Wissens und zur Untersuchung ethischer Fragen der Marktwirtschaft aus der Perspektive der Österreichischen Schule der Nationalökonomie.

Inhalt

Wohl nur wenige wirtschaftswissenschaftliche Konzepte haben für so viel Irritation und Kritik gesorgt wie der „perfekte Wettbewerb" der neoklassischen Lehrbuch-Ökonomie. Perfekter Wettbewerb, das lernt jeder VWL-Student im ersten Semester, ist ein spezieller Marktzustand, charakterisiert durch Preisnehmerverhalten auf Seiten aller Marktteilnehmer. In anderen Worten: In einem perfekten Wettbewerbsmarkt ist es weder Anbietern noch Nachfragern möglich, Einfluss auf den Marktpreis zu nehmen. Angebot und Nachfrage sind ausgeglichen, Unternehmen machen weder Profite noch Verluste und das Marktergebnis erreicht statische Effizienz. Kirzners Marktprozesstheorie beinhaltet eine Fundamentalkritik dieses Wettbewerbsbegriffs, legt den Schwerpunkt der Analyse auf die zum Gleichgewicht führenden Profitsuche der Unternehmer und füllt so eine klaffende Lücke in der vorherrschenden neoklassischen Theorie des Marktes.

Perfekter Wettbewerb in der neoklassischen Theorie

Der perfekte Wettbewerb trat seinen Siegeszug spätestens in den 1920er Jahren an und gehört heute unbestreitbar zum Kern der Wirtschaftstheorie. Auch Wirtschafts- und Ordnungspolitik werden stark von den normativ wünschenswerten Eigenschaften des perfekten Wettbewerbsmarktes beeinflusst, etwa im Bereich der Kartellaufsicht oder der Innovationsförderung. Der perfekte Wettbewerb ist praktischer Referenzpunkt und theoretischer Ausgangspunkt zugleich. Die moderne Wirtschaftswissenschaft beansprucht für sich, eine realistische Beschreibung real existierender Marktwirtschaften leisten zu können. Sie generiert auf dieser Basis Politikempfehlungen mit weitreichenden Konsequenzen.

Das Konzept des perfekten Wettbewerbs hat sich – wie die Theorietradition der Neoklassik insgesamt – als erstaunlich robust gegenüber externer und interner Kritik erwiesen. Einwände der Kritiker wurden in vielen Fällen als oberflächlich und irrelevant zurückgewiesen. In anderen Fällen hatten sie eine Verfeinerung und anschließende Adaption des Konzepts zur Folge: Zum perfekten Wettbewerb gesellten sich etwa der monopolistische Wettbewerb und die unvollständige Information. Doch das Gros der Kritik bezog und bezieht sich weiterhin auf die unrealistischen, dem Konzept zugrunde liegenden Annahmen – auf dessen „Perfektion".

Kirzners Kritik ist fundamentaler: Er stellt den verwendeten statischen Wettbewerbsbegriff selbst in Frage und formuliert eine den dynamischen Prozesscharakter des Wettbewerbs betonende Alternative.

Fundamentalkritik des neoklassischen Wettbewerbsbegriffs

In der Alltagssprache wird unter Wettbewerb ein Prozess verstanden. Rivalen ringen mit verschiedenen Strategien um Dominanz und beeinflussen sich dabei gegenseitig. Paradoxerweise finden sich im Wettbewerbsmarkt der neoklassischen Ökonomie keine solchen Wettbewerber. Der Wettbewerb der neoklassischen Theorie ist ein Zustand, kein Prozess. Zwar gibt es in Lehrbüchern Hinweise auf einen vom Walrasianischen Auktionator orchestrierten „Tâtonnement-Prozess", der ungleichgewichtige Preise und Quantitäten durch zentrale Lenkung in ihr Gleichgewicht bringt. Doch dessen Analyse entfällt. Im statischen Gleichgewicht des neoklassischen Wettbewerbsmarktes gibt es für die beteiligten Akteure weder Anreiz noch Notwendigkeit zum Handeln, da bereits eine perfekte Koordination erreicht wurde. Jegliche Abweichung von diesem Zustand – jegliche wettbewerbliche Aktivität! – stellt den Abweichler schlechter als zuvor, so dass sich ein stabiles Gleichgewicht, ein regungsloser Endzustand ergibt.

Genau hier setzt Kirzners Kritik an: Die neoklassische Theorie ist nicht in der Lage zu erklären, wie Märkte einen solchen Gleichgewichtszustand überhaupt erreichen können und welche Merkmale Märkte in allen nicht-gleichgewichtigen Situationen aufweisen. Auch aus methodologischer Sicht ist es unbefriedigend, lediglich den (hypothetischen) Endzustand eines Prozesses zu analysieren, statt zu erklären, welcher Logik der Prozess selbst folgt, ferner ob und wie er zum Endzustand strebt. Für Kirzner muss eine relevante Theorie des Marktes *Marktprozesstheorie* sein. Die neoklassische Gleichgewichtsanalyse, so geeignet sie auch zur Illustration mancher ökonomischer Gesetze sein mag, kann für sich nicht beanspruchen, eine erschöpfende Theorie des Marktes zu liefern. Gefährlich wird sie gar, wenn ihre Proponenten sie als eine zutreffende Beschreibung der realen Welt oder gar als ein Ideal missverstehen, an die die Realität angenähert werden müsse.

Unternehmertum, Wissen und Marktprozesstheorie

Dass der treibende Akteur des Marktprozesses nicht der Konsument oder der Kapitalist, sondern der auf Profit spekulierende Unternehmer ist, erkannte bereits Kirzners Lehrer Ludwig von Mises. Unternehmertum ist zielgerichtetes Handeln unter dem Eindruck von Unsicherheit. Jedes menschliche Handeln hat somit ein spekulatives, unternehmerisches Element, denn jedes Handeln unterliegt zu einem gewissen Grad der Unsicherheit. Unsicherheit ist dabei zu unterscheiden von Risiko. Unsicherheit herrscht, wenn keine Wahrscheinlichkeitsverteilung über zukünftige Ereignisse bekannt ist.

Auf einen anderen Mises-Schüler, den Nobelpreisträger Friedrich August von Hayek, geht die Erkenntnis zurück, dass der zentrale Vorteil der Marktwirtschaft gegenüber anderen Systemen darin liegt, dass sie die Aggregation und Vermittlung verstreuten Wissens zum gemeinsamen Nutzen aller Marktteilnehmer ermöglicht: Der Marktprozess ist ein Entdeckungsprozess. Doch wer genau ist hier der Entdecker? Was treibt ihn an und was genau entdeckt er? Und: Wohin strebt der Entdeckungsprozess? Antworten auf diese Fragen liegen in Kirzners Marktprozesstheorie.

Die Rolle des Unternehmers: Profitsuche unter Unsicherheit

Die statische Gleichgewichtsanalyse der Neoklassik kennt keine Unternehmer, da sie keine Unsicherheit kennt. Auch reine Profite (von Produzentenrenten oder buchhalterischen Profiten zu unterscheiden) treten in ihr nicht auf, da die perfekte Plankoordinierung des Gleichgewichts jegliche Gewinnmöglichkeiten ausschließt. Der neoklassische Akteur ist

Nutzenmaximierer in einer prinzipiell vollständig erfassbaren Welt, er ist hingegen nicht Unternehmer in einer Umgebung radikaler Unsicherheit: „Während jeder neoklassische Akteur in einer Welt *gegebener* Preise und Quantitäten operiert, handelt der Österreichische Unternehmer, um Preise und Quantitäten zu verändern." Eine realistische Beschreibung der Funktionsweise von Märkten kommt ohne die Analyse unternehmerischen Handelns nicht aus.

Dem Unternehmer stehen prinzipiell drei Möglichkeiten der Profitgenerierung offen: (1) Intertemporale und geographische Arbitrage nutzt Divergenzen zwischen Preisen in unterschiedlichen zeitlichen und räumlichen Punkten. (2) Spekulation über zukünftige Konsumentenwünsche eröffnet Gewinnchancen. (3) Neue, innovative Kombinationen von Inputfaktoren erlauben die billigere Produktion gegebener Güter. Da sich die fundamentalen Marktdaten (Geschmäcker, Präferenzen, natürliche Ressourcen und technologische Möglichkeiten) permanent ändern – denn nichts anderes bedeutet Unsicherheit in diesem Kontext –, entstehen zu jedem Zeitpunkt neue Quellen reinen Profits.

Im Gegensatz zum neoklassischen Nutzenmaximierer kann der Kirzner'sche Unternehmer Fehler begehen und Verluste erwirtschaften. Fehlspekulation und ineffiziente Produktionsweisen gehören zum geschäftlichen Alltag in einer durch Unsicherheit geprägten Welt. Doch frühere Fehler können nicht nur korrigiert werden; da sie selbst neue Profitgelegenheiten schaffen, gibt es sogar einen systematischen Anreiz, sie zu korrigieren. Das Erwirtschaften eines reinen Profits bedeutet daher gleichzeitig die Korrektur früherer unternehmerischer Fehler: Wo zuvor ineffizient produziert oder zu teuer eingekauft wurde, wird jetzt effizienter produziert und billiger eingekauft.

Unternehmerische Findigkeit und Gleichgewichtstendenz

Doch wer oder was garantiert, dass häufiger Fehler korrigiert als neue begangen werden, der Marktprozess somit insgesamt zu einer korrekten Interpretation der fundamentalen Marktdaten neigt? Die Antwort liegt in der unternehmerischen Findigkeit (*alertness*). Unternehmer handeln nicht einfach nach systematischen Routinen, sondern sind in der Lage, die Ursachen früherer Fehler zu erkennen und zu begreifen. Durch den Marktprozess wird das verstreute Wissen über fehlerhafte unternehmerische Pläne an die anderen Marktteilnehmer verteilt. Im gegenseitigen Lernprozess sind Unternehmer in der Lage zu verstehen, welche Strategien und Pläne zu Verlusten führen und fortan gemieden werden sollten.

Die Entdeckung neuer Profitmöglichkeiten ist etwas fundamental anderes als die „Produktion von Informationen", die in der neoklassischen Suchtheorie analysiert wird. Unternehmer wissen nicht, was sie nicht wissen; Allgegenwärtige Unsicherheit verbietet die systematische Suche nach Profitmöglichkeiten. Das zentrale Element der Entdeckung ist die Überraschung (*surprise*), nicht die geplante Produktion von Informationen: „Das Konzept der Entdeckung, das sich zwischen der bewussten Produktion von Informationen ... und dem durch reinen Zufall ermöglichten Glücksgewinn positioniert, ist grundlegend für den Österreichischen Ansatz." Unternehmerische Findigkeit ist das Talent zur Entdeckung neuer Profitmöglichkeiten. Der wettbewerbliche Marktprozess führt so zur Entdeckung von Wissen, das zuvor niemand vermisst hat oder sich auch nur vorstellen konnte. Dazu bedarf es Mut (*boldness*) und Vorstellungskraft (*imagination*).

Die kontinuierliche Korrektur von aus früheren Fehlern resultierenden Fehlallokationen wird so durch die findige Profitsuche des Unternehmers in Gang gesetzt. Dem Marktprozess wohnt somit eine Tendenz zur Plankoordinierung, zu gleichgewichtigen Preisen inne. Doch, wie Kirzner betont, bedeutet diese Tendenz weder, dass das Marktgleichgewicht schnell erreicht wird, noch, dass es überhaupt jemals erreicht wird: „Dem unternehmerischen Marktprozess mag tatsächlich eine systematische gleichgewichtige Tendenz innewohnen, doch diese Tendenz schafft keineswegs eine einseitige, schnörkellose und selbstkonvergierende Bewegung [hin zum Gleichgewicht]." Die stetige Veränderung der fundamentalen Marktdaten und die Möglichkeit unternehmerischer Fehlentscheidungen verhindern die rasche Konvergenz zum Gleichgewicht. Preise, Pläne und Quantitäten, die heute gleichgewichtig sein mögen, sind es morgen vielleicht nicht mehr. Der Marktprozess strebt in jedem Moment tendenziell zum Gleichgewicht, doch er wird es nie erreichen.

Rivalität und Wettbewerb

Warum bleiben neue Profitmöglichkeiten nicht ewig bestehen sondern werden nach ihrer Realisierung rasch wieder abgebaut? Die Antwort liegt im wettbewerblichen Charakter des unternehmerischen Marktprozesses. Der wettbewerbliche Prozess ist dadurch charakterisiert, dass einmal als erfolgreich erkannte Strategien zur Erlangung von Profiten durch andere Unternehmer nachgeahmt werden. Die Bedingung des funktionierenden wettbewerblichen Prozesses ist freier Marktzu- und

Marktaustritt. Nachahmung führt zur Unterbietung, zur fortwährenden Verbesserung von Produkten und zu anderen Mechanismen, die Profite immer weiter schmälern – zugunsten der Konsumenten. Die Entdeckung neuer Profitmöglichkeiten leitet also zugleich deren Abbau ein.

Dieser Wettbewerbsbegriff hat offenkundig wenig gemein mit dem neoklassischen Wettbewerbszustand, in dem alle Unternehmer das gleiche Produkt zu gleichen Preisen verkaufen. Es handelt sich beim Kirzner'schen Wettbewerb um einen durch Rivalität getriebenen Prozess der gegenseitigen Unterbietung und Verbesserung sowie um das Ringen um die Gunst der Kunden. Wettbewerb ist grade dadurch charakterisiert, dass nicht alle Unternehmen in gleicher Weise handeln, sondern dass sie sich unterscheiden. Wettbewerb wird nicht durch eine möglichst große, asymptotisch unendlich große Zahl von gleichartigen Preisnehmern garantiert, sondern durch den freien Marktzu- und Marktaustritt von Unternehmern, denen Profitsignale als Anreiz zur Vermeidung und Korrektur von Fehlern dienen.

Ausblick und Kritik

Kirzners Marktprozesstheorie lässt das neoklassische, statische Gleichgewicht des „perfekten Wettbewerbs" als speziellen, hypothetischen Endzustand erscheinen, den der real existierende Marktprozess zwar anstrebt, aber nie erreicht. Sein Ansatz ist daher sowohl als Kritik als auch als Ergänzung zum vorherrschenden Paradigma der Wirtschaftswissenschaft zu verstehen. Als lohnenswerte Anwendungsfelder der Marktprozesstheorie macht Kirzner unter anderem die Wettbewerbspolitik, die moralische Rechtfertigung von Profiten, die

Wohlfahrtsökonomik und die Analyse der sozialistischen Planwirtschaft aus. Einige Arbeit wurde hierzu bereits geleistet, etwa durch Murray N. Rothbard in der Wohlfahrtsökonomik sowie Huerta de Soto und Peter Boettke in der Analyse der Planwirtschaft.

Die Kritik anderer Österreichischer Ökonomen nimmt der Autor zur Kenntnis. Darunter firmiert besonders prominent auf der einen Seite der Radikalsubjektivist Ludwig Lachmann, der die generelle Tendenz zur unternehmerischen Fehlervermeidung anzweifelt und daraus schließt, dass dem Marktprozess möglicherweise keine gleichgewichtige Tendenz innewohnt. Auf der anderen Seite kritisieren Murray N. Rothbard und Joseph Salerno die von Kirzner angenommene zentrale Rolle der Wissensvermittlung im Marktprozess – die Rolle des Unternehmers liegt diesen Autoren zufolge eher in der Übernahme von Risiko. Das führt Kirzner zur abschließenden Einsicht, dass die unternehmerische Marktprozesstheorie (noch) nicht für sich in Anspruch nehmen kann, in den Katalog abgeschlossener und allgemein akzeptierter Österreichischer Gewissheiten zu gehören. Weitere Ausarbeitung durch theoretische und empirische Forschung ist nötig, doch der hier besprochene Ansatz bietet dafür den optimalen Ausgangspunkt.

Zitate

„Unternehmerischer Entdeckungsgeist drängt die Grenzen unserer Unwissenheit in gradueller, aber systematischer Weise zurück, verbessert auf diese Weise die gegenseitige Koordination der Marktteilnehmer und

lenkt dadurch Preise, Konsumgüter- und Inputmengen sowie -qualitäten in Richtung ihrer Gleichgewichtswerte (die der vollständigen Abwesenheit von Unwissenheit entsprechen)."

„Es ist kein Zufall, dass Ökonomen in der Österreichischen Tradition dazu tendiert haben, die Erkenntnisse der Wirtschaftswissenschaft als Grund zur Skepsis gegenüber staatlichen Regulierungsmaßnahmen zu interpretieren. Denn obwohl Unternehmer ... Fehler begehen können, gibt es keine grundsätzliche Tendenz zu unternehmerischen Fehlentscheidungen. Der Bewegung des Marktes hin zu besserer gegenseitiger Koordination steht keine gegenläufige Tendenz zur abnehmenden Koordination entgegen."

Quelle

Israel M. Kirzner: Entrepreneurial Discovery and the Competitive Market Process: An Austrian Approach, in: Journal of Economic Literature, 35 (1997) 1, 60-85.

Israel M. Kirzner

Rechnung ohne den Menschen

Wilhelm Röpke

interpretiert von Carsten Dethlefs

Aufsatzthema

Wilhelm Röpke bestätigt die komplexe Natur des Menschen, dessen Handlungen sich nicht durch zeitliche Extrapolationen in die Zukunft vorhersagen lassen. Somit steht Röpke klar im Gegensatz zum Keynesianismus, der teilweise versucht, den Menschen durch politische Maßnahmen mechanisch zum Objekt eines gesamtwirtschaftlichen Wachstums zu machen.

Bedeutung

Theoretisches Fundament für Argumente gegen staatliche Konjunktursteuerung.

Autor

Wilhelm Röpke (1899-1966) Nationalökonom norddeutscher Herkunft, 1933 nach Istanbul immigriert und anschließend nach Genf in die Schweiz. Neben Walter Eucken und Alexander Rüstow bedeutender Vertreter des Ordoliberalismus oder – wie in Röpkes Fall auch gesagt wird – des soziologischen Neoliberalismus. Mitbegründer der Mont Pelerin Society. Meistgelesener Publizist der Nachkriegszeit.

Inhalt

In seinem Aufsatz aus dem Jahr 1954 nimmt Wilhelm Röpke den wieder aktuellen Methodenstreit zwischen der rein beobachtenden, empirischen Wissenschaft und der normativen Interpretation der Volkswirtschaft vorweg. Er identifiziert in der damaligen Zeit zwei gegenläufige Tendenzen. Auf der einen Seite habe der „verführerische und fortgesetzt missleitete Drang" zur Prognose durch eine mathematisch-mechanistische Denk und Arbeitsweise eine große Förderung erfahren. Auf der anderen Seite würde man sich aber zunehmend der subjektiv-psychologischen Faktoren gewahr, die das Wirtschaftsleben bestimmten. Nach Röpkes Meinung sind die Umweltbedingungen so unberechenbar, dass man das resultierende Verhalten der Menschen nicht prognostizieren und somit keine Vorhersagen darauf aufbauen kann. Gleichwohl gesteht Röpke es jedem Menschen als das natürlichste Verhalten zu, die Zukunftschancen in jedem Moment abzuschätzen, gegeneinander abzuwägen und Wahrscheinlichkeiten zu errechnen.

Ob volkswirtschaftliche Modellrechnungen mit einem statischen Menschenbild wie geplant funktionieren, ist vor diesem Hintergrund äußerst fraglich. Man solle sich deshalb vor trügerischen Größen und vermeintlichen Konstanten hüten. Röpke macht seine Thesen an einem Beispiel fest. So hätte er vor vielen Jahren eine Studie der General Motors Corporation in Händen gehalten, die sich mit dem künftigen Absatz von Automobilen befasste. Am Ende eines langwierigen Forschungsprozesses musste man jedoch eingestehen, dass man nicht schlauer geworden sei als zuvor. Der vergangene Absatz konnte rekonstruiert werden, der künftige Verlauf blieb hingegen weiterhin ungewiss. Röpkes Einschätzung des menschlichen

Handelns spricht planwirtschaftlichen Experimenten jedwede Funktionalität ab. Der Markt birgt – getragen von der Vielfalt der menschlichen Natur – viele Überraschungen, die sich nicht bis aufs Letzte vorhersehen lassen.

Eine Ausnahme der marktlichen Strukturen erblickt Röpke lediglich in den von Edmund Burke so genannten und von Röpke zitierten „unbought graces of live". Damit sind Dinge gemeint, an denen es der Marktwirtschaft mangele, wie „Natur, Privatheit, Schönheit, Würde, an Vögeln, Wald, Wiese und Blumen, an Ungehetztheit, an wirklicher Muße und nicht etwa dem ‚Freizeit' genannten Zeitloch, das von einer geschäftigen Industrie auszufüllen ist".

Mit seinem im Aufsatz zum Ausdruck gebrachten skeptischen Empirismus erinnert Röpke sehr an die Österreichische Schule der Nationalökonomie, die wegen des unvorhersehbaren unternehmerischen Handelns sowohl der Zentralplansteuerung als auch einer theorielosen Empirie in den Sozialwissenschaften so gut wie jede Existenzberechtigung abspricht. Empirische Sachverhalte sind immer nur zeitgebunden zu betrachten. Eine Feststellung der über den Tag hinausreichende Wirkung ist oftmals nicht haltbar. (Vergleiche hierzu auch „Homo Oeconomicus oder Homo Culturalis" von Wörsdörfer/Dethlefs, 2012 in ORDO-Band 63, S. 135-156.)

Röpkes Überlegungen korrespondieren zudem mit denen von Carl Popper und Nassim Nicholas Taleb. Letzterer hatte im Jahr 2008 die Metapher des Schwarzen Schwans weltbekannt gemacht, mit der er seltene, unvorhergesehene und weitreichende Ereignisse bezeichnet. Er kritisiert ebenfalls logische Fehlschlüsse, nach denen bestimmte Ereignisse keiner Ursache eindeutig zugeordnet werden können. So schreiben sich Politiker oftmals den Erfolg ihrer Reformen auf die eigenen Fahnen, ohne die Frage zu beantworten, ob der gleiche Erfolg nicht auch ohne die ergriffenen Maßnahmen hätte eintreten können.

Zitate

„Es ist eine bestimmte Art, Wirtschaftsgeschichte zu treiben, eine aufschlußreiche und die Abwägung der Zukunftschancen stützende Art, aber diese Abwägung wird immer auf die grundsätzliche Ungewißheit und Unberechenbarkeit der Zukunft im Wirtschaftsleben zurückgeworfen. Jede Extrapolierung über die Vergangenheit und Gegenwart hinaus ist Mißbrauch und Mißverständnis. Alle unvorhersehbaren Kräfte, die die menschliche Geschichte als Ganzes bewegen, können jederzeit Angebot und Nachfrage in einer Weise verändern, die jeder ökonometrischen Erfassung spottet, und fortgesetzt neue und unerwartete Konstellationen herstellen."

„Wer sich in der Untersuchung wirtschaftlicher Vorgänge vor Irrtümern und Enttäuschungen schützen will, muß sich daran erinnern, daß die sich mit diesen Vorgängen beschäftigende Wissenschaft der Nationalökonomie eine Wissenschaft vom menschlichen Verhalten auf einem bestimmten Felde ist. Und so zeitgemäß wie je ist die Weisheit Epiktets, daß es nicht die Tatsachen sind, die im Sozialleben entscheiden, sondern die Meinungen der Menschen über die Tatsachen, ja die Meinungen über diese Meinungen, sosehr diese Meinungen auch an die Tatsachen geknüpft sind."

Quelle

Wilhelm Röpke: Die Rechnung ohne den Menschen, in: Frankfurter Allgemeine Zeitung Nr. 304 vom 31. Dezember 1954, wieder abgedruckt in: ders: Marktwirtschaft ist nicht genug. Gesammelte Aufsätze, hg. v. Hans Jörg Hennecke, Waltrop und Leipzig 2009, 258-269.

Wilhelm Röpke

A Behavioral Approach to the Rational Choice Theory of Collective Action

Elinor Ostrom

interpretiert von Christian Hoffmann

Aufsatzthema

Ostrom beschreibt zivilgesellschaftliche Lösungen für die Bereitstellung "öffentlicher Güter" und widerlegt zentrale Argumente für staatliche Interventionen.

Bedeutung

Entwicklung einer theoretischen Begründung für die überlegene Fähigkeit freier Bürger, auch kollektive Aufgaben im Rahmen freiwilliger Kooperation zu lösen.

Autorin

Elinor Ostrom (1933-2012), geb. Elinor Claire Awan, amerikanische Ökonomin, die bedeutende Forschungsbeiträge zu Fragen der Politischen Ökonomie sowie der Neuen Institutionenökonomik erbrachte. 2009 erhielt sie gemeinsam mit Oliver Williamson den Nobelpreis für Ökonomie, insbesondere für ihre Analyse ökonomischer Steuerungsmechanismen. Sie ist bis heute die einzige Frau, die mit diesem Preis ausgezeichnet wurde. Ostrom war sowohl an der Indiana University wie auch der Arizona State University tätig. Sie war Gründungsdirektorin der Center for the Study of Institutional Diversity an der Arizona State University. Schon früh setzte sie sich mit Fragen der nachhaltigen Bewirtschaftung natürlicher Ressourcen auseinander. Zu ihren wichtigsten Werken zählen „Governing the Commons", „Understanding Institutional Diversity" und „Working Together".

Inhalt

Wie Elinor Ostrom in ihrem Aufsatz treffend beschreibt, ist die Koordination und Steuerung kollektiver Handlungen die zentrale Herausforderung nicht nur der politischen Wissenschaften und der politischen Philosophie, sondern auch weiter Teile der Ökonomie. Der Mensch ist in unzähligen Lebensbereichen auf die Kooperation seiner Mitmenschen angewiesen. Wie gelingt es, dass im Austausch zahlreicher Individuen – also auch über Kleingruppen und Familien hinaus – für alle Betroffene vorteilhafte Lösungen erzielt werden können? Die herrschende Lehre ist traditionell, und auch heute noch, skeptisch, was die Fähigkeit des Menschen zur friedlichen und fruchtvollen Kooperation angeht. Schon Thomas Hobbes beschreibt in seinem Grundlagenwerk „Leviathan", dass es einer übergeordneten Macht, eines Herrschers bedürfe, der durch die Androhung oder Ausübung von Gewalt Ordnung in das Handeln der Menschen bringt.

Öffentliche Güter

Die Bereitstellung von öffentlicher Sicherheit gilt als die zentrale Aufgabe und Legitimation des Staates. Sie ist gleichsam das wichtigste aller so genannten „öffentlichen Güter". Als „öffentliche Güter" werden Angebote bezeichnet, von deren Nutzung Menschen nur schwierig ausgeschlossen werden können, die von mehreren Menschen gleichzeitig in Anspruch genommen werden können – und aus diesen Gründen zur Übernutzung neigen. Weil „öffentliche Güter" vielen Menschen zugutekommen, aber der Ausschluss von der Nutzung schwer fällt, sind Nutzer einerseits einem Anreiz ausgesetzt, keine Gegenleistung für die Nutzung zu erbringen („Trittbrettfahrer"), und andererseits einen übermäßigen, nicht nachhaltigen Konsum des Gutes zu vollziehen („Tragik der Allmende"). Nur ein Herrscher, so die gängige Überlegung, könne darum öffentliche Güter erfolgreich anbieten, da er deren Bezahlung erzwingen und durch Gewalt Menschen von deren (Über-)Konsum ausschließen kann. Neben der öffentlichen Sicherheit werden so auch staatliche Aktivitäten in den Bereichen Bildung, Soziales, Infrastruktur oder Umweltschutz begründet.

Soziale Dilemmata

Die Ökonomie bezeichnet Situationen als „soziales Dilemma", in denen ein kooperatives Verhalten für alle Beteiligten optimal wäre, aber die Gefahr individueller Bereicherung auf Kosten anderer besteht – die Maximierung kurzfristiger Interessen würde darum ein nicht-kooperatives Verhalten nahelegen. Wenn in solchen Situationen alle Teilnehmer ihr kurzfristiges Interesse maximieren, kommt die Kooperation nicht zustande, und alle Teilnehmer gemeinsam sind schlechter gestellt, als sie es im Falle einer Kooperation wären. Das bekannteste Beispiel für ein solches soziales Dilemma ist das so genannte Gefangenendilemma – ein zentraler Bestandteil der Spieltheorie. Im Gefangenendilemma werden zwei Verbrecher gefangen und getrennt voneinander befragt. Würden beide schweigen, dann würden sie nur geringe Strafen erhalten. Wenn jedoch ein Verbrecher den anderen verrät, erhält er als Belohnung eine noch geringere Strafe – der andere dagegen die Maximalstrafe. Für jeden einzelnen wäre es daher rational, den anderen zu verraten, auch wenn die Gesamtstrafe für beide Verbrecher zusammen damit steigt.

Vereinfachte Modelle

In ihrem Aufsatz fasst Ostrom die Forschung zu sozialen Dilemmata zusammen. Sie stellt fest, dass die theoretischen Annahmen der meisten Studien stark vereinfacht sind: Individuen sind demnach stark isoliert und ausschließlich daran interessiert, ihren Nutzen (meist eine monetäre Auszahlung) zu maximieren. Die Forschung beruht weitgehend auf experimentellen Studien, die äußerst unnatürliche Entscheidungssituationen konstruieren. Und dennoch: Zur Verwunderung vieler Forschender zeigen auch Experimentalteilnehmer ein weit höheres Maß an Kooperation, als diese einfachen Theorien implizieren würden. Heute ist man sich einig: Menschen handeln in Entscheidungssituationen nicht „rational", das heißt sie maximieren eben nicht ohne Rücksicht auf andere ihren Nutzen. Wie Ostrom feststellt, versagen darum regelmäßig Politikansätze, die auf der Annahme einer Kooperationsunfähigkeit der Menschen beruhen.

Kommunikation

Im Gegensatz zu vielen ihrer Kollegen unternahm Elinor Ostrom Feldstudien; sie untersuchte also, wie reale Menschen im realen Leben mit sozialen Dilemmata umgehen. Ihre – scheinbar – überraschende Erkenntnis lautet: Menschen sind sehr wohl und sehr gut in der Lage, passende Lösungen für soziale Dilemmata, wie etwa die Bereitstellung öffentlicher Güter oder die Verwaltung kollektiver Güter, zu finden. All das geschieht freiwillig, auf Basis von expliziten oder impliziten Verträgen und ganz ohne den Eingriff eines ordnenden Herrschers. Sie stellte fest, dass solche Lösungen besonders einfach gefunden werden, wenn die Beteiligten vor Ort miteinander sprechen. Zwischenmenschliche Kommunikation erhöht wesentlich die Kooperationsbereitschaft. Diese Erkenntnis wurde später in Experimentalstudien bestätigt. Doch warum fördert Kommunikation die Kooperation?

Vertrauen und Normen

Ostrom stellt fest, dass Reziprozität oder Gegenseitigkeit – ein Wesensmerkmal des freiwilligen Tausches – eine fest bei Menschen verankerte Norm ist. Gibst du mir etwas, so gebe ich dir auch etwas. Etwas zu nehmen, ohne etwas dafür zu geben, gilt dagegen als ungehörig. Dieses Verhalten wird von den Mitmenschen sanktioniert, schon von Kindesbeinen an. Soziale Normen wie diese werden durch Kommunikation, durch Vereinbarung gestärkt. Menschen verlassen sich auf deren Einhaltung, sie vertrauen einander. Im Laufe der Zeit erarbeiten sie sich eine Reputation, vertrauenswürdig und zuverlässig zu sein. Folglich sind Menschen bereit, auf eine rücksichtslose, kurzfristige Nutzenmaximierung zu verzichten. Theorien, die soziale Normen und die Wirkung der Reputation ausblenden, müssen daher irreführende Ergebnissen zeitigen.

Regelinnovationen

Ostrom stellt in ihren Studien zudem fest, dass es nicht eine passende Lösung für alle Arten sozialer Dilemmata gibt. Vielmehr hängen die gewählten Lösungen von der Situation, der spezifischen Herausforderung, den Beteiligten und der Kultur ab. Menschen probieren unterschiedliche Regeln aus, funktionierende Lösungen werden durch Versuch und Irrtum gefunden. Sie beobachten sich dabei gegenseitig – und sie entwickeln abgestufte, differenzierte Strafen für Fehlverhalten, die allgemein als fair anerkannt werden. Zivilgesellschaftliche Lösungen sind folglich flexibler, passgenauer und humaner als eine Pauschallösung, die durch eine entfernte Instanz per Zwang installiert wird.

Die Rolle des Staates

Selten wird erkannt, welche revolutionäre Bedeutung die Entdeckungen und Theorien Elinor Ostroms für die politische Praxis haben. Nur vorsichtig deutet Ostrom diese Implikationen in ihrem Beitrag an. Sie stellt fest, dass die vermeintliche Unfähigkeit der Menschen, soziale Dilemmata zu lösen „die zentrale Legitimation des Staates" darstellt. Was aber, wenn der Mensch sehr wohl in der Lage ist, solche Dilemmata zu lösen? Wo bleibt dann die Rolle des Staates? Ostrom stellt auch fest, dass Politiken, die die Kooperationsfähigkeit der Menschen ausblenden, regelmäßig versagen und die Probleme eher verschlimmern als lösen. Sie kritisiert die passive Rolle, in welche die Politik die Bürger drängt. Mehr noch, sie stellt fest, dass entmündigende Politiken die normative Grundlage der Gesellschaft zerstören: Wenn Menschen die Kontrolle anständigen Verhaltens delegieren und sich nicht mehr selbst um die Einhaltung zentraler Normen kümmern, wie die der Gegenseitigkeit, dann steigt die Wahrscheinlichkeit von Fehlverhalten und Missbrauch. Individuelle Verantwortung für nachhaltiges Verhalten erodiert. Werden sogar noch umfassende Überwachungsmechanismen verhängt, so verlernen die Menschen, dass Vertrauen eine wichtige Grundlage der Kooperation ist und werden zunehmend misstrauisch. Die vermeintliche

Zuständigkeit des Staates für kollektive und öffentliche Güter könnte daher ein verhängnisvoller Irrtum sein. Was aber hieße das für die Sicherheits-, Bildungs-, Infrastruktur-, Geld- oder Umweltpolitik? Macht der allzuständige Wohlfahrtsstaat die Menschen nur unselbständig, misstrauisch, egoistisch und kooperationsunfähig? Erzeugt also die Politik letztlich jene soziale Dilemmata, die sie zu lösen vorgibt?

Das Dilemma der Politik

Eine weitere interessante Implikation der Studien Elinor Ostroms wird in ihren Schriften nur am Rande berührt, wurde dafür aber von späteren Autoren ausgeführt. Lassen sich die Spielregeln sozialer Kooperation auch auf die Politik selbst anwenden? Ostrom stellt fest, dass die Politik – oder der „Herrscher" – die Normen nicht erzeugt, auf denen Kooperation basiert. Vielmehr profitiert sie von ihnen: Wo stabile, starke Normen herrschen, funktioniert auch die Politik gut, Machtmissbrauch und Korruption bleibt aus. Wo aber die Normen geschwächt werden, verfällt auch die Qualität der Politik. Mehr noch: Missbräuchliches Verhalten ist laut Ostrom besonders dann wahrscheinlich, wenn wenig persönliche Kontrolle und Verantwortung herrscht, aber große Belohnungen im Spiel sind. Das gilt zweifellos für die Politik. Selbst wenn die Zivilgesellschaft also Schwierigkeiten haben sollte, kollektive Aufgaben zu lösen, sollten diese demnach nicht der Politik überlassen werden, da hier Missbrauch und Betrug wahrscheinlich sind.

Zusammenfassend lässt sich festhalten, dass die auf den ersten Blick unscheinbaren Erkenntnisse Elinor Ostroms eine enorme politische Sprengkraft beinhalten, die entschiedenen Liberalen zahlreiche Argumente für die Begrenzung staatlicher Macht und Aktivität an die Hand geben.

Zitate

"The theory of collective action is *the* central subject of political science. It is the core of the justification for the state."

"Our evolutionary heritage has hardwired us to be boundedly self-seeking at the same time that we are capable of learning heuristics and norms, such as reciprocity, that help achieve successful collective action."

"Field research also shows that individuals systematically engage in collective action to provide local public goods or manage common-pool resources without an external authority to offer inducements or impose sanctions."

Quelle

Elinor Ostrom: A Behavioral Approach to the Rational Choice Theory of Collective Action. Presidential Address. The American Political Science Review 92 (1998) 1, 1-22.

History and Politics

Friedrich August von Hayek

interpretiert von Dagmar Schulze Heuling

Aufsatzthema

Am Beispiel der falschen, aber dennoch weit verbreiteten Ansicht, der Kapitalismus habe zur Verelendung einer ganzen Bevölkerungsschicht geführt, zeigt Hayek, wie Geschichtsschreibung und politische Einstellung einander wechselseitig beeinflussen.

Bedeutung

Der Aufsatz streicht heraus, dass die Ablehnung des Kapitalismus sehr häufig auf Überzeugungen beruht, die den historischen Fakten zuwiderlaufen, und stattdessen auf antikapitalistischer Propaganda sowohl von konservativer als auch sozialistischer Seite gründet.

Autor

Friedrich August von Hayek (1899-1992), Nationalökonom und Sozialphilosoph österreichischer Herkunft; neben Ludwig von Mises der bedeutendste Vertreter der Österreichischen Schule und einer der wichtigsten Freiheitsdenker des 20. Jahrhunderts unter anderem zur „Verfassung der Freiheit"; Professor an der London School of Economics, in Chicago und in Freiburg

Friedrich August von Hayek

im Breisgau, Initiator der Mont Pelerin Society, 1974 Nobelpreis für Wirtschaftswissenschaften; durch die Finanz- und Staatsschuldenkrise als maßgeblicher Kontrahent von John Maynard Keynes während und nach der Weltwirtschaftskrise – infolge der aktuellen Finanzkrise heute wieder populär.

Inhalt

Der kurze Aufsatz „History and Politics" ist die Einleitung zu einem 1954 erschienenen Sammelband, der das Verhältnis von Historikern zu kapitalistischen Wirtschaftsordnungen näher beleuchten soll. Die darin versammelten Texte befassen sich mit unterschiedlichen Aspekten, etwa mit neueren Erkenntnissen zur Geschichte der Industrialisierung oder mit der Geschichte dieses Teils der Geschichtsschreibung selbst, also der Art und Weise, wie die Industrialisierung von Historikern dargestellt und gedeutet worden ist. Auch die Frage, warum sich hier ein bestimmtes, von historischen Tatsachen nicht gedecktes Narrativ durchgesetzt hat, wird behandelt.

Der Grundgedanke dieses Projekts geht von einer wechselseitigen Beeinflussung von Geschichtsschreibung und Politik aus. Einerseits entscheiden unsere politischen Überzeugungen mit darüber, welche Aspekte der Geschichte wir betrachten, wie wir sie interpretieren und wie wir sie beurteilen. Andererseits gilt umgekehrt, dass unsere Wahrnehmung der Geschichte einen großen Einfluss auf unsere politischen Überzeugungen hat.

In Bezug auf ökonomische und wirtschaftspolitische Einstellungen war und ist eine Konstruktion von Geschichte besonders einflussreich: der Mythos von der Verelendung der Arbeiterschaft durch die Industrialisierung respektive den Wandel zur kapitalistischen Wirtschaftsordnung. Damit ist die verbreitete

Vorstellung gemeint, dass im Zuge der Industrialisierung breite Bevölkerungsschichten ins Elend gestürzt wurden, während sie bis dahin ein auskömmliches Dasein hatten. Bis heute finden sich entsprechende Darstellungen in Schul- und anderen Geschichtsbüchern ebenso wie in Film und Literatur. Daraus speist sich eine zwiespältige, wenn nicht gar ablehnende Einstellung vieler Menschen gegenüber einer kapitalistischen, genauer sollte man vielleicht sagen: gegenüber einer freien oder marktwirtschaftlichen, Wirtschaftsordnung.

Doch diese Darstellungen sind allesamt falsch. Zweifellos waren zur Zeit der Industrialisierung die Lebensumstände der meisten Menschen karg und hart. Aus der Sicht des 20. oder gar 21. Jahrhunderts kann man sie mit Fug und Recht als elendig bezeichnen. Ganz anders hingegen musste das Urteil der Zeitgenossen ausfallen. Für sie bedeutete die Industrialisierung ganz unmittelbar Fortschritt und Verbesserung – ein Faktum, das bis heute vielfach übersehen wird.

Insgesamt stellten sich die Lebensverhältnisse der nachfolgenden Generationen als jeweils besser als jene der vorangegangenen Generation dar. Und zugleich erlaubten es die durch die kapitalistische Wirtschaftsweise erzielten Verbesserungen, immer mehr Menschen zu ernähren. Menschen, die vorher verhungert oder gar nicht erst geboren worden wären, konnten nun überleben und sich ihrerseits vermehren. In den Statistiken schlägt sich diese Tatsache als regelrechte Bevölkerungsexplosion nieder. Auch der Rückgang der Säuglingssterblichkeit oder die Erhöhung der Lebenserwartung sind eindrucksvolle Belege für diese Entwicklung.

Es ist erstaunlich und scheint auf den ersten Blick schwer erklärlich, dass sich nichtsdestotrotz eine kontrafaktische Interpretation des Schicksals der arbeitenden Bevölkerung durchgesetzt hat. In seinem Text „History and Politics" diskutiert Hayek mögliche Ursachen für diese Entwicklung.

Ein Faktor, der schon zur Zeit der Industrialisierung zu einer stark veränderten Bewertung der ökonomischen und sozialen Realität beigetragen hat, ist eine erhöhte Sensibilität für Probleme durch deren vermehrte Sichtbarkeit. Durch die Entstehung größerer Industriestandorte war es nun schwieriger, die Augen vor Zuständen zu verschließen, die vorher keineswegs besser, aber weit über das Land verteilt und damit besser versteckt waren. Auch ästhetische Gesichtspunkte mögen eine Rolle gespielt haben: die halb verfallenen Hütten von Landarbeitern lassen sich leichter romantisch verklären als Kohlenstaub und Kesselhäuser. Kapitalismus bzw. Industrialisierung fungieren hier als Boten, die Informationen über die Realität überbringen und in Haftung genommen werden, wenn der Inhalt der Nachricht nicht gefällt.

Mindestens ebenso einflussreich wie die stärkere Sichtbarkeit schwerer Arbeit war eine Veränderung des Denkens. Mit den neuen wirtschaftlichen Freiheiten, in deren Folge sich die Industrialisierung entwickelte, standen erstmals in der Menschheitsgeschichte die erforderlichen Mittel für die Hebung des Lebensstandards breiter Massen zur Verfügung. Aufgrund des allgemein steigenden Wohlstands breitete sich die Vorstellung aus, dass Elend nicht eine unabänderliche Tatsache im menschlichen Leben ist, sondern ein vermeidbares Problem. Erst vor dem Hintergrund des grundlegend veränderten Denkens und einer stark verbesserten wirtschaftlichen Leistungskraft erlangten ökonomische und soziale Schwierigkeiten eine moralische Dimension. Mit anderen Worten: Erst der Wohlstand, den der Kapitalismus schuf, ermöglichte überhaupt den „Luxus" eines sozialen und moralischen Gewissens.

Hayek betont, wie richtig und verdienstvoll es ist, auf das Elend der Mitmenschen aufmerksam zu machen. Dabei allerdings, wie es oft geschehen ist und immer noch geschieht, den Kapitalismus für die Ursache des Übels zu halten, ist falsch. Denn erst der Kapitalismus hat eine, und sei es zunächst eine noch so bescheidene, Verbesserung der Lebensverhältnisse für die Ärmsten ermöglicht. Das einzig bekannte Mittel gegen Massenarmut fälschlicherweise für ein Gift zu halten, schadet den Armen am allermeisten.

Hinzu kommt, dass die Verwechslungen von Ursache und Sichtbarmachen – von Heilmittel und Gift – nicht nur auf das irregeleitete Bemühen von Wohlmeinenden zurückzuführen ist. Viele der Schauergeschichten über den Kapitalismus entstammen regelrechter Propaganda, und zwar von konservativer wie von sozialistischer Seite.

Letzteres überrascht wenig, und Hayek stellt die vielschichtigen Verbindungen zwischen pro-sozialistischen politischen Überzeugungen und der Wirtschaftsgeschichtsschreibung dar. Es liegt auf der Hand, dass die Akzeptanz des schnell zum herrschenden Dogma gewordenen Antikapitalismus tendenziell zur Bestätigung bereits existierender Vorurteile führt. Hayek macht aber auch darauf aufmerksam, dass die für ihn naive Vorstellung einer theoriefreien Betrachtung ebenfalls nicht geeignet ist, eine kritische Auseinandersetzung zu befördern. Denn mangels eigener Position läuft diese Herangehensweise Gefahr, lediglich verbreitete Positionen zu reproduzieren. Es bedarf daher stets unabhängiger Geister, die quer zu den Dogmen ihres Faches denken und damit scheinbar sicheres Wissen hinterfragen.

Weniger bekannt und daher für die meisten Leserinnen und Leser überraschender dürfte demgegenüber sein, was Hayek als die Quelle dieses vermeintlich gesicherten Wissens ausmacht.

Viele Behauptungen über die katastrophalen Auswirkungen des Kapitalismus und der Industrialisierung haben ihren Ursprung nämlich in konservativer Propaganda.

Sozialistische Interpretationen der Wirtschaftsgeschichte sehen oft darüber hinweg, dass es einen erheblichen Gegensatz zwischen Landbesitzern auf der einen Seite und Industriellen, aber auch Handwerkern und Kleingewerbetreibenden, auf der anderen Seite gab. Doch tatsächlich lag hier ein großes Konfliktpotential. Industrie und Handwerk waren für die adeligen Grundbesitzer unwillkommene Konkurrenz im Kampf um Arbeitskräfte. Außerdem hatten sie großes Interesse am Freihandel und damit an der Abschaffung von Schutzzöllen und anderen Privilegien der Grundbesitzer. In der politischen Auseinandersetzung um die Beibehaltung von Privilegien nutzte die konservative Propaganda gegen Industrialisierung und Kapitalismus den Mythos vom Elend der Arbeiter weidlich aus. Dieser wurde dann, aus Mangel an eigener Erfahrung, nicht nur von der *upper class*, sondern auch von der Intelligenzija gerne geglaubt und eifrig weiterverbreitet. So entstand aus den Ressentiments von rechts und links eine Version der Geschichte, die trotz mangelnder Übereinstimmung mit historischen Fakten immer noch als historisch verbürgt gilt.

Der Aufsatz „History and Politics" ist heute noch genauso aktuell wie bei seinem Erscheinen 1954. Ludwig Erhard zum Trotz hat sich die Erkenntnis, dass Marktwirtschaft Wohlstand für alle schafft, nach wie vor nicht durchsetzen können. Stattdessen glauben viele Menschen weiterhin, dass Märkte gefährlich sind und man sie auf keinen Fall „entfesseln" darf. Denn dann käme es zu den bekannten elenden Begleiterscheinungen.

Bis heute untermauert ein Antikapitalismus von links wie von rechts seine Positionen vor allem mit diesem Argument, das ursprünglich konservativer Propaganda entstammt. Tatsächlich war es aber erst die durch den Kapitalismus ermöglichte wirtschaftliche Dynamik, die sowohl die wirtschaftlichen Mittel für die Verbesserung der Lebensumstände der Massen als auch ein Bewusstsein für die Möglichkeit und Notwendigkeit einer solchen Verbesserung schuf. Der häufig erschallende Ruf, die wirtschaftliche Freiheit müsse zugunsten der Schwachen beschränkt werden, geht somit in die Irre. Statt den Schwachen zu helfen, schadet die Beschränkung wirtschaftlicher Freiheit; und ausgerechnet den Schwachen schadet sie am meisten. Insbesondere in ihrem Interesse bleibt daher zu wünschen, dass „History and Politics" noch viele Leserinnen und Leser findet, die bereit sind, auch vermeintlich sichere Wahrheiten zu überdenken.

Zitate

"The widespread emotional aversion to 'capitalism' is closely connected with this belief that the undeniable growth of wealth which the competitive order has produced was purchased at the price of depressing the standard of life of the weakest elements of society."

"The proletariat which capitalism can be said to have 'created' was thus not a proportion of the population which would have existed without it and which it had degraded to a lower level; it was an additional population which was enabled to grow up by the new opportunities for employment which capitalism provided."

„We owe to agitation of this kind, which forced unwilling eyes to face unpleasant facts, some of the finest and most generous acts of public policy – from the abolition of slavery to the removal of taxes on imported food and the destruction of many intrenched [sic] monopolies and abuses... But we must not, long after the event, allow a distortion of the facts, even if committed out of humanitarian zeal, to affect our view of what we owe to a system which for the first time in history made people feel that this misery might be avoidable."

Quelle

Friedrich August von Hayek: History and Politics, in: ders. (Hg.): Capitalism and the Historians, Chicago 1963 (zuerst 1954), 3-29.

History of Freedom in Antiquity und History of Freedom in Christianity

Lord Acton

interpretiert von Alexander Dörrbecker

Aufsatzthema

Das Entstehen der Freiheit seit der Antike und deren Bedeutung im Verlauf der Geschichte. Acton arbeitet die politische Entwicklung der Menschheit vom Altertum bis in seine Gegenwart des 19. Jahrhunderts heraus und beleuchtet dabei die Bedeutung der Freiheit in den einzelnen Epochen. Zugleich versucht er Gründe zu erkunden, die zur Entstehung der Freiheit beigetragen haben. Auch wenn er im 19. Jahrhundert optimistisch einen Zuwachs von Freiheit beobachtet, stellt er dennoch fest, dass Freiheit immer wieder neu erkämpft werden muss und leicht verloren gehen kann.

Autor

John Emerich Edward Dalberg-Acton, 1st Baron, Lord Acton (1834-1902), Privatgelehrter, Redakteur katholischer Zeitschriften und ab 1895 Regius Professor für Moderne Geschichte an der Universität Cambridge; Historiker des liberalen Zeitalters. Seine Arbeiten stellen den Ausgangspunkt für ideengeschichtliche Überlegungen von liberalen Denkern des 20. Jahrhunderts wie Wilhelm Röpke oder Friedrich August von Hayek dar.

Inhalt

Die Geschichte der Freiheit ist für Acton eine Philosophie, mit der sich die Weltgeschichte deuten lässt. Freiheit steht für Acton in einem direkten Zusammenhang mit dem Gewissen. Jede Freiheit beginnt mit der Gewissensfreiheit. Sie bedeutet für ihn das Recht und die Pflicht jedes Menschen, seinem Gewissen zu folgen, ohne Rückgriff auf Autoritäten, Mehrheiten oder Gebräuche. Und das Gewissen ist nach Acton sämtlichen Autoritäten einschließlich denen der Kirche übergeordnet.

Im ersten Essay begründet Acton seine These, dass die Idee der Freiheit weit bis in die Antike zurückreicht und gegenüber dem vergleichsweise modernen Despotismus bereits im Israel Samuels existierte. Das damalige Israel sei, so Acton, bereits mit den fundamentalen Merkmalen eines Herrschaftssystems ausgestattet gewesen, die ein freiheitliches Zusammenleben garantieren. So sei dem König das Recht genommen worden, Gesetzgeber zu sein. Nur Gott durfte diese Rolle übernehmen. Die Entwicklung der politischen Institutionen war evolutionär und von Kontinuität geprägt. Die Herrschaft des Rechts mit allgemeinen Regeln, die nicht von einzelnen Menschen geschaffen, sondern allein aus der Überlieferung hergeleitet wurden, hat nach Acton dort ihren Anfang genommen. Nach dem Verfall dieses politischen Systems konnten vergleichbare Gedanken erst im Griechenland Solons wieder neu entstehen.

Auch den Niedergang der Freiheit während der griechischen Antike beschreibt er eingehend. Die Freiheit der Antike sei durch den aufkommenden Despotismus zerstört worden, weil man die Demokratie nicht zu beschränken wusste und die Beschränkung der Gewalten nur theoretisch und lediglich ansatzweise fassen, aber nicht in die Praxis umsetzen konnte. Als wichtigstes

Mittel zur Machtbeschränkung kannten die Griechen den Föderalismus. Andere Gewaltenteilungsmethoden waren nicht bekannt, freiheitliche politische Systeme zerfielen meist nach einigen Jahrzehnten.

Wesentlich erscheint Acton, dass die Griechen die Bedeutung des Naturrechts, also eines Rechts, das über den geschriebenen Rechtsvorschriften steht, erkannt haben. Die Philosophen Athens hätten folglich die Sklaverei als Unrecht verworfen.

Erst das Christentum – so führt er im zweiten Aufsatz aus – habe im Mittelalter ein starkes Gegengewicht gegenüber den politischen Machthabern entwickelt, woraus sich neue Mechanismen zur Machtbeschränkung ergeben hätten. Die weltlichen Herrscher hätten die Kirche stets für ihre Machterhaltung benötigt. Dagegen hätte die Kirche die Kräfte des Volkes gefördert und anerkannt, dass ein König, der seine Pflicht nicht erfüllt, auch seinen Anspruch auf Gehorsam verwirkt.

Diesem Konflikt zwischen Kirche und Staat verdanken wir hiernach den Aufstieg der bürgerlichen Freiheit in Europa. Obwohl Freiheit nicht das Ziel war, für das die Beteiligten stritten, war sie doch das Mittel, mit dem die weltliche und die geistliche Macht sich zu behaupten suchten. Aus den unterschiedlichen Phasen dieses Konflikts gewannen die „Städte Italiens und Deutschlands ihre Selbstregierung, Frankreich bekam die Generalstaaten und England sein Parlament".

Nach dem Mittelalter ging die Hauptströmung in Richtung einer neuen Freiheit von den Niederlanden auf Großbritannien und Nordamerika über.

Der „Glorreichen Revolution" von 1688 in England misst Acton große Bedeutung für die Entwicklung der Freiheit bei. Hiernach entstanden die politischen Parteien in Form der „Whigs" für die Liberalen und der „Tories" für die Konservativen.

Die Revolution von 1688 versetzte dem europäischen Despotismus den ersten echten Schlag, indem sie die Vorherrschaft Frankreichs aufhielt. Die weitere Verbreitung und Verankerung in der Bevölkerung kehrte jedoch über Umwege von Amerika wieder nach Europa zurück.

In beiden Aufsätzen betont Acton, dass die Amerikaner mit ihrer verfassungsmäßigen Einschränkung der Macht ihrer Volksvertretung dem modernen Staatswesen die Grundlage gelegt haben. Auch ein Mittel zur Absicherung der Freiheit sei hierin zu sehen. Diese Erkenntnisse sollte er in späteren Beiträgen noch vertiefen.

Acton endet mit der Beschreibung der Zeit der Pitts and Fox im späten 18. Jahrhundert. Hier werden die Wurzeln für die Freiheit und die dafür geeigneten staatsorganisatorischen Voraussetzungen gelegt. Er schließt mit der Feststellung, dass uns erst der Blick auf die Vergangenheit die Herausforderungen im Umgang mit der Freiheit für die Zukunft zeigen kann.

Zitate

„Zu allen Zeiten sind wahre Freunde der Freiheit selten gewesen und ihre Triumphe waren Minderheiten zu verdanken, die sich durchgesetzt haben, weil sie sich mit Hilfstruppen verbündeten, die oft andere Ziele verfolgten als sie selbst."

„Freiheit ist kein Mittel für ein höheres politisches Ziel, sie selbst ist das höchste politische Ziel."

„Freiheit und eine gute Regierung schließen einander nicht aus; und es gibt ausgezeichnete Gründe, warum beide sich zusammenfinden sollten; aber sie kommen beide nicht notwendigerweise zusammen vor."

Quelle

History of Freedom in Antiquity und History of Freedom in Christianity, in: Lord Acton: The History of Freedom and other Essays, hg. v. John Neville Figgis und Reginald Vere Laurence, London 1907, 2 ff. und 35 ff. – neu veröffentlicht in: Selected Writings of Lord Acton, hg. v. J. Rufus Fears, Indianapolis 1985, Band 1, 6 ff. und 28 ff.

Lord Acton

Die Wirtschaftsrechnung im sozialistischen Gemeinwesen

Ludwig von Mises

interpretiert von Edith Puster

Aufsatzthema

Der Aufsatztitel hat *Understatement*-Charakter. Er klingt nach mathematisch-technischen Spezialfragen der Lenkung sozialistischer Gesellschaften. Was Mises jedoch mit diesem Aufsatz in Wahrheit leistet, ist nichts Geringeres als die Widerlegung des Sozialismus, genauer: die Widerlegung der These, eine sozialistische Gesellschaftsordnung erlaube einen zweckmäßigen, den Wünschen ihrer Bürger optimal dienenden Umgang mit den stets knappen wirtschaftlichen Ressourcen.

Bedeutung

Der 1920 erschienene Aufsatz ist in seiner Relevanz für die Frage, welche Gesellschaftsform für die Menschen die beste ist, kaum zu überschätzen, hat aber bis heute nicht die gebührende Würdigung gefunden. Zwar hat er unter Ökonomen zunächst eine über zwanzigjährige heftige Debatte angestoßen, doch galt er danach zu Unrecht 40 Jahre lang als widerlegt – bis empirisches Scheitern sozialistischer Zentralplanung die Frage wieder virulent machte, ob die Theorie des Sozialismus nicht doch einen Fehler aufweise. Das tut sie. Verkannt werden konnte dies, weil sich Mises-Interpreten oft tatsächlich in ökonomisch-technischen Details und Nebensächlichkeiten verloren haben, statt den Gedankengang so philosophisch-grundsätzlich zu präsentieren, wie dies bei seinem Urheber angelegt ist.

Autor

Ludwig von Mises (1881–1973), unter den Vertretern der Österreichischen Schule derjenige, der mit seiner Handlungstheorie („Praxeologie") der Nationalökonomie und allen Sozialwissenschaften ein philosophisches Fundament gegeben hat; Hauptwerk: „Nationalökonomie. Theorie des Handelns und Wirtschaftens"; als Ökonom aufgrund seiner geld- und konjunkturtheoretischen Arbeiten geschätzt; gleichwohl erhielt er nie eine ordentliche Professur, weder in seiner Heimat noch (nach seinem Exil 1940) in den USA; Mises hat eine Begründung der Freiheit entworfen, die ohne normative Prämissen auskommt; dieses Projekt blieb weitgehend unverstanden.

Inhalt

1. Mises' These der Irrationalität sozialistischen Wirtschaftens

In Gesellschaften, in denen sich der Staat nicht in das Handeln und Wirtschaften seiner Bürger einmischt, können einige Akteure, die Unternehmer, durch gewinnbringenden Einsatz von Produktionsmitteln reich werden, und zwar in einem weit über den Durchschnitt hinausreichenden Ausmaß. Um solche als ungerecht eingestufte Verteilung von Wohlstand zu verhindern, werden im Sozialismus – das definiert ihn – Produktionsmittel enteignet. Aus diesem gemeinwirtschaftlichen Pool wird dann die Herstellung aller Konsumgüter bestritten, welche nach einem möglichst gerechten Schlüssel an die Gesellschaftsmitglieder verteilt werden.

Zwar verschmäht Mises es nicht, bereits bekannte Schwächen des Sozialismus (insbesondere die Unhaltbarkeit der marxistischen Arbeitswertlehre und die negativen motivationalen Folgen der Arbeitspflicht) namhaft zu machen, doch lässt er keinen Zweifel daran aufkommen, dass es ihm um eine Fundamentalkritik zu tun ist. Er will zeigen, dass eine sozialistische Gesellschaftsordnung nicht funktionieren kann, weil sie kein rationales Knappheitsmanagement erlaubt, keine den Wünschen aller Bürger optimal dienende Lenkung der stets knappen wirtschaftlichen Ressourcen. Da er die Axt an die Wurzel des Sozialismus legen will, wählt er als Ansatzpunkt das, was diesen im Kern ausmacht: das Gemeineigentum an Produktionsmitteln.

2. Mises' antisozialistisches Argument in Kompaktform

Das Argument von der Unmöglichkeit der Wirtschaftsrechnung im Sozialismus besagt folgendes: Optimale Lenkung der Produktionsmittel setzt voraus, dass man (in der Marktwirtschaft der Unternehmer, in der Gemeinwirtschaft die Zentralplanung) die Kosten einer wirtschaftlichen Unternehmung kennt. Nur dann lässt sich eine Wirtschaftsrechnung aufstellen, die ermittelt, ob eine Unternehmung lohnend ist bzw. welche von zwei Unternehmungen lohnender ist. In einer freiheitlichen (freie Märkte zulassenden, „kapitalistischen") Gesellschaftsordnung ist diese notwendige Bedingung erfüllt. Denn hier werden auch die Produktionsmittel in den Tauschverkehr einbezogen und erzielen daher Marktpreise, welche in Wirtschaftsrechnungen eingehen. So ergibt sich beispielsweise bei der Herstellung eines Konsumguts der Gewinn eines Unternehmers als das, was übrig bleibt, wenn man vom Gesamtumsatz, der durch Verkauf des

Konsumguts erzielt wird, alle Kosten für die aufgewendeten Produktionsmittel abzieht. Weil nun in einer Marktwirtschaft alle Kooperationen freiwillig erfolgen, z.B. das Hingeben von Arbeitskraft und das Erwerben von Konsumgütern, stellt der Gewinn des Unternehmers auch den des Nicht-Unternehmers sicher. Daher ist ein im Interesse des Wohls aller optimaler Einsatz der Ressourcen gewährleistet (obwohl von niemandem intendiert). Anders im Sozialismus. Aufgrund des Fehlens von Marktpreisen für die Produktionsmittel können hier die Kosten einer Produktion prinzipiell nicht ermittelt werden. Deshalb kann auch nicht festgestellt werden, welche Produktionsmittel in welcher Menge in die Herstellung welcher Güter fließen sollten. Rationales Handeln im Interesse des Wohls aller ist folglich nicht möglich (obwohl von der Zentralplanung intendiert).

3. Zwei Einwände gegen das antisozialistische Argument

In der vorstehenden Kompaktform kann das Argument schwerlich überzeugen, da sich mindestens zwei Einwände aufdrängen:

(1) Offenkundig können Nicht-Unternehmer (Arbeitnehmer und Verbraucher) die Gewinne nicht mehr erhalten, die Unternehmern zufließen. Daher ist Mises' These nicht plausibel, die Marktwirtschaft lenke die gesamtgesellschaftlichen Ressourcen (vermittels der Wirtschaftsrechnung) *zum Wohle aller* optimal.

(2) Selbst wenn sich zeigen ließe, dass die Marktwirtschaft die gesamtgesellschaftlichen Ressourcen *zum Wohle aller* optimal lenkt, so wäre das sozialistische Modell noch immer nicht widerlegt. Man müsste zusätzlich zeigen, dass keine noch so kompetente Zentralplanung dasselbe leisten könnte.

Mises entkräftet diese Einwände, indem er die Rolle expliziert, die Marktpreisen im allgemeinen und solchen für Produktionsmittel im besonderen im Rahmen der gesamtgesellschaftlichen Kooperation zukommt. Keinesfalls hinsichtlich der Substanz dieser Entkräftungen, doch hinsichtlich ihrer Darbietungsweise mache ich im folgenden einige Anleihen bei Mises späterem Werk *Nationalökonomie: Eine Theorie des Handelns und Wirtschaftens* (Genf 1940), welches die handlungstheoretischen Grundlagen der Ökonomie, ihre Fundiertheit in begrifflichen Wahrheiten über das menschliche Handeln, deutlicher herausarbeitet und so die ökonomischen Überlegungen elementarer aufzubereiten erlaubt. (Entscheidende Impulse zum Verständnis des besagten Fundierungsverhältnisses verdanke ich der von Michael Oliva Córdoba entwickelten *Hamburger Mises-Deutung*.)

4. Kein Handeln ohne Kostenminimierung und Gewinnmaximierung

Die Natur hat uns nicht in ein Paradies gesetzt. Vielmehr lässt sie Wünsche offen. Daher ist es für jeden Menschen kennzeichnend zu handeln, um einen in seinen Augen befriedigenderen Zustand zu erreichen. (Solch ein erstrebter Zustand kann auch in einer Verbesserung der Lebenssituation anderer bestehen; lediglich um der Vereinfachung der Darstellung willen wird hiervon im folgenden abgesehen. – Gleichfalls zu Vereinfachungszwecken konzentriere ich mich auf das Erstreben von Konsumgütern.)

In nichts anderem als in solchen sukzessiven subjektiven Verbesserungen der eigenen Lebenssituation besteht die Mehrung von Wohl(stand) für ein Individuum. Und Gemeinwohl oder gesamtgesellschaftlicher Wohlstand kann nichts anderes sein als das so verstandene Wohl aller Individuen einer Gesellschaft. Wer für andere objektiv – d.h. unabhängig davon, was sie tatsächlich wollen, was sie in ihrem Handeln wählen –

glaubt sagen zu können, worin für sie ein (größerer) Wohlstandsgewinn besteht, der hat seinen Wohlstandsbegriff vom Wohl der Menschen losgekoppelt und daher sinnentleert (oder paternalistisch umdefiniert).

In dem auf Wohlstandsmehrung gerichteten Handeln setzt der Akteur Ressourcen (etwa Zeit und Geld, aber auch Produktionsmittel wie Arbeitskraft und Rohstoffe) ein, über die er verfügt. Die Gesamtheit des im Handeln zum Zwecke der Zielerreichung Hingegebenen ist der vom Akteur zu „zahlende" Preis. (Die im nachfolgenden Abschnitt 6 einzuführenden Marktpreise sind eine Teilmenge aller Preise.)

Gemessen an den vorhandenen Wünschen sind alle Güter knapp. Von den Produktionsmitteln gilt charakteristischerweise zusätzlich, dass sie konkurrierende Verwendungen haben. Deshalb sind Akteure im eigenen Interesse darum bemüht, sie so effizient, so wohlstandsdienlich wie möglich einzusetzen. Kostenminimierung und Gewinnmaximierung sind daher selbstverständliche Ingredienzen allen Handelns. Ob ein Preis akzeptabel ist, ist wiederum eine Sache subjektiver Wertungen. Oft lassen Akteure anvisierte Ziele lieber fallen, als den erforderlichen Preis zu zahlen.

5. Das Prinzip der freiwilligen Kooperation

Für einen einsamen Akteur, der über die Verwendung der knappen Produktionsmittel selbst entscheidet, lässt sich leicht angeben, wie er sie optimal wohlstandsdienlich einsetzt. Er kann direkt das tun, was rationales Knappheitsmanagement ausmacht: die Mittel zur Erfüllung seiner dringlichsten Wünsche verwenden und die weniger dringlichen unerfüllt lassen. (Nicht, dass der Akteur eines solchen Rats bedürfte; er handelt ohnedies so. Und zwar deshalb, weil unter seinem jeweils dringlichsten handlungsrelevanten Wunsch gar kein anderer verstanden werden kann als der, der sich in seinem Handeln manifestiert, darin also, wofür er de facto seine Ressourcen aufwendet.)

Gestaltet sich optimale Ressourcenallokation innerhalb einer arbeitsteiligen Gesellschaft ähnlich problemlos? Für die Marktwirtschaft kann diese Frage bejaht werden. Das wird einsichtig, wenn man das Fundament ins Auge fasst, auf dem sie ruht: durchgängige freiwillige Kooperation bzw. durchgängiger freiwilliger Tausch.

Wie alle Handlungen, so zielt auch die Tauschhandlung auf die Mehrung des eigenen Wohls, doch weist sie eine Besonderheit auf, deren Relevanz für das Problem gesamtgesellschaftlicher Wohlstandsmehrung kaum überschätzt werden kann: Beim Tauschen hängt der eigene Handlungserfolg von dem des Partners ab; denn wenn der Partner seine Situation durch einen Tausch nicht verbessern kann, dann lässt er sich gar nicht erst auf ihn ein. Der Tauschwillige muss also etwas Attraktives für den (potentiellen) Partner anbieten. Die Freiwilligkeit des Tauschs stellt somit das Vorliegen einer *Win-win*-Situation sicher. Daher kann nicht die Rede davon sein, dass der Gewinn des einen den Verlust eines anderen darstellt.

Dass der Tauschambitionierte sein Gegenüber bedienen muss, setzt die allem Handeln innewohnende Tendenz zu Kostenminimierung (und Gewinnmaximierung) nicht außer Kraft. Vielmehr „geizt" jeder Akteur mit seinem Tauschgut, versucht also, möglichst viel als Gegengabe dafür zu erhalten.

6. Marktpreise

Genau dasselbe Prinzip, das der freiwilligen Kooperation, obwaltet auch in hocharbeitsteiligen Gesellschaften, wenn sie die

Wirtschaftsform des freien Marktes praktizieren. Je nach der eigenen subjektiven Wertschätzung eines Guts oder einer Dienstleistung wird ein Tauschvorschlag akzeptiert oder verworfen; der Verbraucher tut das durch die Entscheidung für oder gegen den Kauf eines Konsumguts (zum angebotenen Preis).

Im Falle einer Nachfrage-Konkurrenz hat der Anbieter bessere Aussichten, einen höheren Preis zu erzielen; umgekehrt verhält es sich im Falle einer Anbieter-Konkurrenz. Als Resultat all dieser individuellen Entscheidungen ergibt sich der Marktpreis für ein Gut. Es ist der Preis, unterhalb dessen die Nachfrager das Gut nicht erhalten, weil die Anbieter Nicht-Kooperation vorziehen, und oberhalb dessen die Anbieter das Gut nicht loswerden, weil die Nachfrager Nicht-Kooperation vorziehen. Der Marktpreis hält somit die Bedingung fest, unter der Kooperation zustande kommt; er ist die geronnene Kooperationsbedingung.

7. Die Wirtschaftsrechnung

Kennzeichnend für die Marktwirtschaft ist, dass auch die Produktionsmittel in Privateigentum sind, sie folglich vom freiwilligen Tausch nicht ausgenommen sind und Marktpreise erzielen. Nur aufgrund seiner Kenntnis dieser Produktionsmittelpreise kann der Unternehmer die Gesamtkosten der Herstellung einschätzen und sie der Menge des beim Eintauschen seiner Endprodukte (voraussichtlich) Erzielten gegenüberstellen. Wichtiger noch: Nur aufgrund dieser Kenntnis kann er einschätzen, ob er einen höheren oder niedrigeren Gewinn erzielt, wenn er zur Herstellung des Endprodukts statt eines bestimmten Produktionsmittels ein anderes wählt.

Wegen der Vielzahl unterschiedlicher Faktoren, die bei diesen unternehmerischen Erwägungen berücksichtigt werden müssen, etwa Grund und Boden, Fabrikgebäude, Maschinen,

Zwischenprodukte, Rohstoffe, Arbeitskräfte und Energie, sind die Kalkulationen praktisch nur durchführbar, wenn die Marktpreise in Geldbeträgen vorliegen, wenn also die Gesellschaft zu einem universellen Tauschmittel übergegangen ist. In einer entwickelten Marktwirtschaft pflegt das der Fall zu sein. Daher kann der Unternehmer Wirtschaftsrechnungen aufstellen und auf dieser Basis rational entscheiden, ob, wie und in welcher Menge er ein Produkt herstellt und zum Tausch anbietet.

Akzeptieren Verbraucher sein Angebot, dann profitieren (wie geschildert) beide Seiten. Eine Produktion lohnt sich daher für den Unternehmer dann und nur dann, wenn sie sich für die Verbraucher lohnt. Der Markt als Inbegriff aller freiwilligen Tauschhandlungen garantiert somit Wohlstandsmehrung für alle Partizipierenden. – Aber ist damit auch schon gesagt, dass für alle ein *Optimum* an Wohl erreicht wird? Dass dem so ist, wird klar, wenn man sich vergegenwärtigt, genau wovon der Ressourcenfluss abhängt.

8. Unternehmergewinn und Gemeinwohloptimierung

Wenn auch die Produktionsmittel in den Tauschverkehr eingehen, wird angesichts ihrer vielfältigen Verwendbarkeit folgendes geschehen: Hersteller von Konsumgütern werden sich als Nachfrager desselben Produktionsmittels Konkurrenz machen und dessen Marktpreis in die Höhe treiben. Beispielsweise werden Hersteller goldener Taschenuhren und Hersteller goldener Wasserhähne um Gold konkurrieren. Dabei wird das Rennen um das knappe Produktionsmittel derjenige machen, der den höheren Preis zahlt. Das wird sich nur derjenige Unternehmer leisten können, dessen Kunden bereit sind, für das Endprodukt einen Preis zu zahlen, der diese Kosten deckt. Im

Extremfall wird einer der Konkurrenten in die Pleite getrieben, so dass seine Produktionsmittel freigesetzt werden.

Basierend auf der Gewinnorientierung von Unternehmern finden demnach dank des skizzierten Mechanismus die Produktionsmittel ihren Weg in diejenigen Unternehmen, für deren Endprodukte eine hohe – d.h. eine über die Produktionskosten hinausgehende – Zahlungsbereitschaft der Verbraucher besteht. Nun ist die Zahlungsbereitschaft ein Spiegel der Dringlichkeit der Verbraucherwünsche. Hieraus erhellt, dass es die Verbraucherwünsche sind, von denen auf freien Märkten der Ressourcenfluss abhängt, und dass diese umso eher erfüllt werden, je dringlicher sie sind.

9. Zentralplanung und Bürgerwille

Dank des Gesamtsystems der Marktpreise, in welches auch die Produktionsmittel einbezogen sind, haben freie Märkte also den (von niemandem intendierten) Effekt, die gesamtgesellschaftlichen Ressourcen optimal gemeinwohldienlich zu allozieren. Dieses Gesamtsystem ist es folglich, das die sozialistische Zentralplanung ersetzen müsste. Wer begreift, dass (und wie) es aus zahllosen Willensbekundungen sämtlicher Gesellschaftsmitglieder entsteht, der begreift die Unmöglichkeit eines solchen Unterfangens. Eine rationale Antwort auf die Frage, wie die sozialistische Produktion zu lenken sei, kann es daher nicht geben. Die Zentralplanung tappt mit ihren Bemühungen im Dunkeln.

Versucht man unvoreingenommen, sich den Schaden vorzustellen, der durch die unweigerlich eintretenden Ressourcenverschwendungen angerichtet wird, so wird man die Hoffnung fahren lassen, diese Scharte durch eine noch so gerechte

Verteilung der – am Willen der Bürger vorbeiproduzierten – Konsumgüter auswetzen zu können.

Zitate

„Jede wirtschaftliche Veränderung wird ... im sozialistischen Gemeinwesen zu einem Unternehmen, dessen Erfolg weder im vorhinein abgeschätzt noch auch später rückschauend festgestellt werden kann. ... Sozialismus ist Aufhebung der Rationalität der Wirtschaft."

„Sie [= die Wirtschaftsrechnung in Geld; E.P.] gibt uns einen Wegweiser durch die erdrückende Fülle der wirtschaftlichen Möglichkeiten...Hätten wir sie nicht, dann wäre alles Produzieren mit weit ausholenden Prozessen, dann wären alle längeren kapitalistischen Produktionsumwege ein Tappen im Dunkeln."

Quelle

Ludwig [von] Mises: Die Wirtschaftsrechnung im sozialistischen Gemeinwesen, in: Archiv für Sozialwissenschaft und Sozialpolitik 47 (1920/21), 86–121.

The Theory of Economic Regulation

George Joseph Stigler

interpretiert von Isabell Heuber

Aufsatzthema

Im Mittelpunkt steht die Frage nach der Notwendigkeit von Regulierung, die nicht mit Konsumenteninteressen erklärt werden kann.

Bedeutung

Theoretische Begründung der Angebotsseite von Regulierung.

Autor

George Joseph Stigler (1911-1991) gilt als einer der wichtigsten Vertreter der Chicagoer Schule. Der 1911 geborene US-amerikanische Ökonom und Nobelpreisträger (1982) forschte Zeit seines Lebens in den USA und war nach dem Zweiten Weltkrieg Professor an der Columbia University.

Inhalt

Stigler stellt in einem seiner Hauptwerke, dem Aufsatz mit dem Titel „*The Theory of Economic Regulation*", die Notwendigkeit von Regulierung grundsätzlich in Frage. Demnach seien Verbraucherschutz und Marktversagen in vielen Fällen weder Ursache, noch Ziel von Regulierung. Warum jedoch, kommt es dennoch zu Regulierung? Stigler formuliert als Antwort : „... as a rule, regulation is acquired by the industry and is designed and operated primarily for its benefit" und begründet damit die sogenannte *Capture-Theory.*

Die *Capture-Theory* nimmt im Einzelnen drei Fragestellungen in ihr Blickfeld:

1. Welche Vorteile bietet Regulierung und aus welchen Gründen setzen sich Wirtschaftsvertreter für derartige Eingriffe ein,
2. welche Kriterien entscheiden darüber, ob derartige Interessengruppen in ihrem Ansinnen erfolgreich sind und
3. warum lassen Politiker eine Einflussnahme zu (Betrachtung der Angebotsseite eines Marktes für Regulierung)?

1. Vorteile von Regulierung für die Industrie. Stigler legt der Betrachtung der Nachfrageseite von Regulierung die These zugrunde, dass Industrievertreter Regulierung fordern und diese zu ihrem Vorteil ausgestalten. Dabei stellt *Stigler* vier Gründe heraus, warum Wirtschaftsrepräsentanten sich für derartige Markteingriffe einsetzten: *Erstens* geht es um finanzielle Vorteile in Form von Subventionen. Der Einsatz einzelner Wirtschaftsvertreter lohne jedoch meist nicht den finanziellen Ertrag einer Subvention, da dieser in Form des „Gießkannenprinzips" allen Branchenvertretern zugute komme, wie *Stigler* in empirischen Untersuchungen feststellt. *Zweitens* versuchten Industrievertreter den Marktzugang für neue Mitbewerber zu begrenzen, etwa mittels Schutzzöllen. *Stigler* formuliert dazu wie folgt: „We propose the general hypothesis: every industry or occupation that has enough power to utilize the state will seek to control entry." Ein *drittes* Ziel von wirtschaftlichen Interessengruppen bestehe darin, die Bedingungen eines Marktes zugunsten des eigenen Produkts zu beeinflussen. *Stigler* nennt dafür beispielhaft Produzenten von Butter, die mit dem Ziel auf politische Akteure Einfluss nehmen, den Markt für Margarine regulatorisch zu belegen. Ein vierter Grund liege in einer schlichten Preiskontrolle, die Gewinnmargen und Marktstellung eines Unternehmens mittels rechtlicher Eingriffe schützen könne.

2. *Kriterien einer erfolgreichen Einflussnahme.* Das Ausmaß der Einflussnahme hängt gemäß der *Capture-Theory* von vier Kriterien ab: *erstens* der Größe einer Interessengruppe nach der Maßgabe: je größer, desto einflussreicher; *zweitens* von ihrem volkswirtschaftlichen Gesamteinkommen; *drittens* von ihrer räumlichen Verteilung, die maßgeblichen Einfluss auf die Organisationsfähigkeit hat: Die räumliche Verdichtung einer Interessengruppe wirkt sich demnach förderlich auf die Durchsetzungsstärke aus. Und *viertens* von der Geschlossenheit einer möglichen Opposition.

3. *Angebot an Regulierung.* *Stigler* stellt Gesetzmäßigkeiten heraus, warum es überhaupt zu einem Angebot an Regulierung kommt. So benötigten Politiker Stimmen, um gewählt zu werden und wiederum finanzielle Mittel, um ihre Chancen im Wahlkampf zu steigern. Die Ressourcen Geld und Stimmen identifiziert *Stigler* damit als Währung, mit der Wirtschaftsvertreter Einfluss auf die politische Gestaltung nehmen.

Insgesamt ist *Stiglers* Aufsatz ein Bekenntnis zu den Kräften des freien Marktes, die mittels des Zusammenspiels vieler individueller Interessen im Wettbewerb weitaus geeigneter sind, Gleichgewichte herbeizuführen, als es staatliche Eingriffe vermögen. In einigen Aspekten hat die weitere Forschung jedoch auch Belege offenbart, die *Stigler* in Teilen widersprechen. So stehen etwa die Forschungsergebnisse von *Mancur Olson* zur besseren Durchsetzungskraft von größeren Interessengruppen gegenüber kleineren im Widerspruch zu *Stiglers* Annahmen:

Nach *Olson* lassen sich speziellere Interessen kleinerer Gruppen besser organisieren und durchsetzen als Interessen größerer Gruppen. Demnach tendieren Personen, die ein und dasselbe Interesse teilen, dazu, sich auf den anderen zu verlassen und nicht selbst tätig werden. Zu berücksichtigen ist, dass die Ergebnisse der Forschung von *Stigler* sich lediglich auf den US-amerikanischen Raum beziehen. Policy-vergleichende Forschungsarbeiten zu den Gesetzmäßigkeiten der Durchsetzung wirtschaftlicher Interessengruppen im politischen Willensbildungsprozess haben gezeigt, dass institutionelle Faktoren der Ausgestaltung jener Prozesse eine wesentliche Rolle spielen. Diese verhindern zwar in der Regel nicht, dass sich gesellschaftliche Gruppen mit Partikularinteressen doch ihren Weg der Einflussnahme suchen, – sie können aber zumindest zu einem ausgewogeneren Abbild gesellschaftlicher Ansichten beitragen.

Zitate

„...as a rule, regulation is acquired by the industry and is designed and operated primarily for its benefit".

„We propose the general hypothesis: every industry or occupation that has enough power to utilize the state will seek to control entry."

Quelle

George Joseph Stigler: The Theory of Economic Regulation, in: The Bell Journal of Economics and Management Science 2 (1971) 1, 3-21.

Der Strom der Güter und Leistungen

Friedrich August von Hayek

interpretiert von Michael von Prollius

Aufsatzthema

Hayek widerlegt den keynesianischen Irrtum, dass die Nachfrage nach Gütern auch der Nachfrage nach Arbeit entspricht.

Bedeutung

Theoretischer Nachweis, dass staatliche Konjunkturimpulse zur Förderung von Wirtschaftswachstum und zur Vermeidung von Arbeitslosigkeit nicht funktionieren.

Autor

Friedrich August von Hayek (1899-1992), Nationalökonom und Sozialphilosoph österreichischer Herkunft; neben Ludwig von Mises der bedeutendste Vertreter der Österreichischen Schule und einer der wichtigsten Freiheitsdenker des 20. Jahrhunderts unter anderem zur „Verfassung der Freiheit"; Professor an der London School of Economics, in Chicago und in Freiburg im Breisgau, Initiator der Mont Pelerin Society, 1974 Nobelpreis für Wirtschaftswissenschaften; durch die Finanz- und Staatsschuldenkrise als maßgeblicher Kontrahent von John Maynard Keynes während und nach der Weltwirtschaftskrise heute wieder populär.

Inhalt

Einer der besonders folgenreichen Irrtümer der westlichen Gesellschaften wurde durch Friedrich August von Hayek am 27.01.1981 an der London School of Economics aufgedeckt. Sein Vortrag „*The Flow of Goods and Services*" entlarvte den heute noch weit verbreiteten fundamentalen Irrtum von John Maynard Keynes, dass die Nachfrage nach Gütern gleichsam automatisch der Nachfrage nach Arbeit entspreche. Auf diesem falschen mentalen Modell beruhen Überzeugungen wie die, der Staat könne oder müsse in einer wirtschaftlichen Abschwungphase durch Nachfragestimulierung die Konjunktur beleben oder die, der Staat schaffe Arbeitsplätze durch seine Bemühungen, das wirtschaftliche Wachstum zu stimulieren. Für Hayek besteht die einzige Möglichkeit des Staates zur Verbesserung des wirtschaftlichen Wachstums und der Nachfrage nach Arbeit darin, geeignete Rahmenbedingungen zu schaffen, die für die größtmögliche Flexibilität von Preisen sorgen, gerade auf dem Arbeitsmarkt. Hayek argumentiert wie folgt:

Zeitliche und horizontale Verteilung von Gütern

Jede Produktion braucht Zeit, bis sie dem Konsumenten zugutekommt. Für den Hersteller sind Ort und Zeit der Verwendung seiner produzierten Güter zumeist genauso unbekannt wie der Erfolg seiner Anstrengungen. Das liegt daran, dass die Produktion einem vieladrigen Fluss gleicht, der an seiner Mündung eine unaufhörliche Zahl und Vielfalt von Endprodukten hervorbringt. Indes sind die vielen Elemente des Stromes nicht für ihre zukünftige Bestimmung markiert oder vorbestimmt. Vielmehr entscheiden in jeder der aufeinander folgenden Produktionsstufen die jeweiligen Preisgefälle darüber, so Hayek, welcher Teil der gesamten Ausbringung eines Gutes in welche der verschiedenen möglichen Richtungen fließt. Diese horizontale Verteilung wird noch durch eine zeitliche Verteilung beeinflusst, denn die vergangenen Stromdurchflüsse haben jeweils das Strombett für den gegenwärtigen Strom vorbereitet.

Ressourcenverteilung durch Preissignale

Die Verteilung der Ressourcen zur Befriedigung des breiten Bedürfnisspektrums erfolgt durch die Lenkung der Preissignale. Das gilt gleichermaßen für die Produktion wie für den Konsum. Folglich gilt: Niemand hat die Macht zu bestimmen, wie das insgesamt eingesetzte Kapital verwendet wird, außer der Marktprozess, der sich aus einer Vielzahl individueller Anbieter und Nachfrager zusammensetzt, die den Preissignalen gehorchen.

Input ist nicht gleich Output

Das aggregierte Inputvolumen entspricht selten dem aggregierten Outputvolumen. Zwar wächst und schrumpft das Volumen des Stromes, weil sich die Nachfrage nach den Primärfaktoren ändert. Gleichwohl ist das keynesianische Bild einer Röhre irreführend, in die nur ausreichend hineingepumpt oder aus der nur genügend herausgesaugt werden müsse. Das Reservoir zwischen den beiden Enden ist nämlich elastisch oder variabel. Und die Veränderung des Stromes hängt maßgeblich von Faktoren ab, die Keynes vernachlässigt hat. So überträgt sich die Nachfrage nicht eins zu eins auf den Strom. Vielmehr sind Nachfrage und Produktion Prozesse, die sich mit unterschiedlicher Geschwindigkeit und teilweise auch in entgegengesetzte Richtungen bewegen. Infolgedessen befindet sich der Strom niemals im Gleichgewicht, „denn gerade das Ungleichgewicht hält ihn in Fluss und bestimmt seine Richtung."

Exkurs: Stärkung der Nachfrage senkt nicht die Arbeitslosigkeit

Lohnsteigerungen führen wegen der Quantitätstheorie des Geldes nicht zu mehr Nachfrage. Vielmehr ist das Ergebnis einer höheren Geldmenge, ohne dass ihr eine gewachsene Gütermenge entspricht, lediglich Inflation. Hinzu kommt ein Crowding out Effekt, da das Kapital nicht mehr für Investitionen zur Verfügung steht. Milton Friedman hat zudem darauf hingewiesen, dass die Konsumnachfrage nicht vom aktuellen Einkommen bestimmt wird, sondern von dem dauerhaft zu erwartenden Einkommensstrom aus Arbeit und anderen Vermögen.

Die Größe des Flusses hängt vom Preisgefälle ab

„Wieviele der potenziellen produktiven Kräfte vom Strom absorbiert werden können, hängt erstens davon ab, ob genügend derartige Preissignale oder Signalkonstellationen auf ‚Freie Fahrt' stehen und dadurch anzeigen, dass in bestimmten Richtungen die Outputpreise die Inputpreise übertreffen, und zweitens davon, ob die Gesamtstruktur der Signale eine Zu- oder Abnahme des Volumens des gesamten Stromes begünstigt und nicht lediglich die Ausflussrate an seiner Mündung." Folglich gilt, so Hayek: Das freie Spiel der Preise gibt den Menschen vor, was sie ökonomisch zu tun haben; und häufig bedeutet dies, dass sie etwas anderes tun müssen, als sie beabsichtigt haben.

Arbeitslosigkeit resultiert aus Eingriffen in den Preismechanismus

Da die Produktionsstruktur durch relative Preise geordnet wird, verursachen Störungen Arbeitslosigkeit. Dies gilt insbesondere, wenn die Preise für Arbeit unbeweglich sind, z.B. durch Mindestlöhne, zumal dadurch auch noch viele Arterien verstopft werden. Arbeitslosigkeit ist also weniger eine Funktion der aggregierten Nachfrage als vielmehr der Elastizität der Preisstruktur. Je (zwangsweise) stabiler die Preise, desto schlechter die Koordination, desto höher die Arbeitslosigkeit. Mit anderen Worten: Die Versuche der Politik, die gesellschaftliche Arbeitsteilung durch Steuerungsversuche von Märkten zu beeinflussen, missachtet die grundverschiedenen Funktionsmechanismen von Politik (Macht) und Wirtschaft (Preis).

Aufgabe des Staates

Jedweder politische Eingriff in den feinadrigen Strom, in die freie Preisbildung auf Wettbewerbsmärkten, behindert die Koordination der produktiven Anstrengungen, ob Preisfestsetzung (Mindest-/ Höchstpreise), monopolistische Preisbildung (staatlich geschützte Monopole) oder Einkommenspolitik (marktinkonforme Umverteilung). Solche Eingriffe stellen eine Anmaßung von Wissen dar – mit den bekannten Folgen: Arbeitslosigkeit und Nicht-Erhältlichkeit von Gütern. Aufgabe des Staates ist es daher, die Rahmenbedingungen für das Fließen des Stromes – und damit die Flexibilität der Preise – zu verbessern, denn: „Wirtschaften ist ein Problem, unvorhergesehene Möglichkeiten auszunutzen, und kein vorher entworfener Plan kann dieses Problem lösen."

Zitate

„Nicht die Größe der Gesamtnachfrage hält den Strom in Fluß, sondern jene sich rasch anpassende

Umstellung der Flüsschen, aus denen er sich bildet, die durch das Spiel der Preise bewirkt wird – jene unwillkommenen Signale, die den Menschen sagen, daß sie etwas anderes tun müssen, als sie beabsichtigen."

„Wirtschaften ist ein Problem, unvorhergesehene Möglichkeiten auszunutzen, und kein entworfener Plan kann dieses Problem lösen."

„Hierfür ist die Behauptung von entscheidender Bedeutung, daß die Koordination der wirtschaftlichen Tätigkeiten, der wir unsere Fähigkeit zur Erhaltung der gegenwärtigen Weltbevölkerung verdanken, unserem Vertrauen auf die Führung durch Preise zuzuschreiben ist, die auf wettbewerblichen Märkten bestimmt werden und die die unentbehrlichen Signale erzeugen, die uns sagen, was wir zu tun haben."

Quelle

Friedrich August von Hayek: Der Strom der Güter und Leistungen", in: ders.: Die Anmaßung von Wissen, hrsg. von Wolfgang Kerber, Tübingen (Mohr) 1996, S. 130 – 147; oder Sonderdruck des Walter-Eucken-Instituts, Vorträge und Aufsätze, Band 101, Tübingen (Mohr) 1984.

Why I'm not an Environmentalist – The Science of Economics versus the Religion of Ecology

Steven E. Landsburg

interpretiert von Steffen Hentrich

Aufsatzthema

Steven Landsburg grenzt die rationale Sichtweise der Ökonomie von Umweltproblemen als Konflikte um die Nutzung knapper Ressourcen vom dogmatischen Ökologismus der Umweltbewegung ab.

Bedeutung

Umweltbewegungen haben in den vergangenen Jahrzehnten erheblich an öffentlicher und politischer Bedeutung gewonnen. Eine Ursache für diesen Bedeutungszuwachs ist, dass sich die Umweltbewegung eine Religion des Umweltschutzes geschaffen hat, in der ein auf die Umwelt fokussierter Moralismus regiert. Mit großem Erfolg erobert diese säkulare Religion das öffentliche Leben und wird mehr und mehr zur dominierenden Denkweise ganzer Generationen. Statt konkurrierende Interessen der Menschen im Umgang mit natürlichen Ressourcen gegeneinander abzuwägen, wird über die ökologischen Folgen wirtschaftlichen Handelns pauschal eine Lanze gebrochen. Aufgegriffen von der

Politik wird der Ökologismus schnell zur Rechtfertigung vielfältiger politischer Einschränkungen individueller Freiheit. Eine Beilegung der eigentlichen Konflikte erfolgt nicht. Stattdessen werden knappe Ressourcen verschwendet und Vermögen wird im großen Maßstab umverteilt.

Autor

Der Mathematiker und Ökonom Steven E. Landsburg lehrt als Professor für Wirtschaftswissenschaften an der amerikanischen University of Rochester in Rochester (New York). Der in seinem Denken maßgeblich von klassisch liberalen Ökonomen wie Milton Friedman und Ronald Coase beeinflusste Wissenschaftler hat in den USA mit seinen Büchern, Kolumnen, Medienkommentaren und seinen Blog *The Big Questions* über sein akademisches Wirken hinaus Popularität erlangt. Der große Erfolg seines Buches *The Armchair Economist* (Der Ökonom im Sessel), das 1993 erschien und dem 2012 eine gründlich überarbeitete Neuauflage folgte, hat vor zwei Jahrzehnten das Interesse an populärwissenschaftlichen Wirtschaftsbüchern wiederbelebt. In seinem jüngsten Buch *The Big Questions* analysiert er grundlegende philosophische Fragestellungen mit den Instrumenten der Mathematik, Ökonomie und Physik.

Inhalt

Umweltpolitische Debatten sind, wie viele andere Politikdiskurse auch, weniger lösungsorientiert als ideologisch aufgeladen. Steven Landsburgs Essay über den Gegensatz von rationaler Ressourcenökonomik und religiösem Ökologismus beginnt mit der Beschreibung weltanschaulich überhöhter Umweltbildung in der Vorschule seiner Tochter. Dort wird den Schülern eingetrichtert, dass das Privileg des Lebens unzertrennbar mit der Übernahme von Verantwortung für die Umwelt verbunden ist. Aus diesem Grund würde an Energieeinsparung, öffentlichem Nahverkehr und Recycling kein moralisch zu verantwortender Weg vorbei gehen. Naiver Ökologismus zeitgenössischer Prägung ist eine Mischung aus Mythen, Aberglaube und Ritualen, was ihn in eine gefährliche Nähe zu religiösem Fundamentalismus rückt. Steven Landsburg nimmt die Diskussion mit der Grundschullehrerin seiner Tochter zum Anlass eine Parallele zwischen dem zeitgenössischen Ökologismus und einer religiösen Bewegung zu ziehen. Dem stellt er die Wirtschaftswissenschaft gegenüber, die sich mit einander widerstreitenden Präferenzen von Individuen befasst, diese jedoch keiner moralischen Bewertung unterzieht.

Während der religiöse Ökologismus einem Gut-Böse-Schema folgt, zwingt der ökonomische Denkansatz dazu, Umweltprobleme symmetrisch zu betrachten. Nutzungskonflikte entstehen, weil die Beteiligten die strittigen Ressourcen auf unterschiedliche Weise nutzen wollen. Moralisch neutral formuliert, will der eine Mensch einen Wald für einen Parkplatz roden, ein anderer jedoch beansprucht dieselbe Fläche zur Erholung. Doch nicht nur in dieser Hinsicht besteht eine symmetrische Beziehung zwischen konkurrierenden Ressourcennutzungen. So halten Umweltschützer Eingriffe in die Umwelt für unwiderruflich, ignorieren dabei jedoch, dass die Entscheidung, nichts zu tun, ebenso unwiderruflich ist. Ökonomische Logik lehrt dem gegenüber, dass ohne heutige Veränderungen der Umwelt die mit dem Wandel verbundenen Wohlstandsgewinne nicht möglich sind. Aus ökonomischer Perspektive ebenso wenig begründbar ist die Behauptung vieler Umweltaktivisten, die Natur sei allein zugunsten zukünftiger Generationen nicht in Mitleidenschaft zu ziehen. Schließlich ist eine Aussage darüber, ob unsere Nachkommen eine unversehrte Natur oder die Gewinne unserer Umweltveränderungen höher bewerten, ex ante nicht möglich.

Ginge es der Umweltbewegung tatsächlich um den Erhalt natürlicher Ressourcen für kommende Generationen, wäre zu erwarten, dass sie sich gegen die Besteuerung von Kapitalerträgen, gegen soziale Sicherungssysteme und andere staatliche Maßnahmen einsetzt, deren Effekt ein übermäßiger Konsum in der Gegenwart zu Lasten der Ersparnis für die Zukunft ist. Umweltschützer beklagen immer wieder, dass Unternehmen aus Profitinteresse über Eingriffe in die Natur entscheiden, die Präferenzen der Bürger hingegen eine untergeordnete Rolle spielen. Für Ökonomen sind Gewinne das Resultat der Befriedigung von Verbraucherpräferenzen durch den Unternehmer, weshalb die Verbraucherpräferenzen die Umwelteingriffe verursachen und nicht das bloße Profitmotiv. Das mit der Kritik der Umweltschützer am Gewinnmotiv implizit geäußerte Werturteil, eine Präferenz für Profit sei gegenüber einer Wertschätzung für die unberührte Natur nachrangig, ist der Ökonomie ebenso fremd.

Häufig verfängt sich die Umweltbewegung in logischen Widersprüchen, was in der Praxis nicht selten zu argumentativen Rückzugsgefechten führt. Man kämpft für Papierrecycling ohne zu realisieren, dass dies dem wirtschaftlichen Anreiz, Bäume zu pflanzen, zuwiderläuft. Umweltaktivisten opponieren gegen vermeintlich krebserregende Pflanzenschutzmittel, ignorieren dabei jedoch, dass die Krebshäufigkeit auch zunimmt, wenn sich Menschen aufgrund steigender Obst- und Gemüsepreise weniger gesund ernähren. Sie betonen, dass das Artensterben unvorhersehbare Konsequenzen nach sich ziehen kann, bemerken aber nicht, dass sich diese Unsicherheit nur durch Experimente an der Natur reduzieren lässt. Generell lässt sich die Umweltbewegung durch echte Lösungen kaum beeindrucken, es sei denn sie dienen der Bestätigung ihrer moralischen Überlegenheit. Die anreizkompatiblen Lösungen der Ökonomen, die sich von den individuellen Präferenzen der Menschen ausgehend des Marktmechanismus bedienen, passen nicht zum ökologischen Katechismus. Subventionen, Verbote und Vorschriften sind hingegen ein wichtiger Teil einer als unfehlbar betrachten ökologischen Doktrin.

Aus ökonomischem Blickwinkel lassen sich gute ökonomische Gründe für einen sparsamen Umgang mit den natürlichen Ressourcen anführen. Wenn Knappheit Nutzungskonflikte erzeugt und ein ökonomischer Ausgleich zwischen im Widerstreit stehenden Interessen gefunden werden muss, führt kein Weg an einer Rationierung natürlicher Ressourcen vorbei. Funktioniert aber der Markt und die Menschen werden mit dem Preis konfrontiert, der andere für die Inanspruchnahme der Umwelt entschädigt, gibt es keine Veranlassung zusätzlichen Aufwand zu betreiben, um Wasser zu sparen, Müll zu trennen oder das Auto zugunsten der Nutzung des öffentlichen Nahverkehrs stehenzulassen.

Steven Landsburg bricht nicht nur eine Lanze für die Wirtschaftswissenschaft, weil deren Methodik eine neutrale Beurteilung von Umweltkonflikten erfordert, die Präferenzen aller beteiligten Interessen Berücksichtigung finden und damit ein Konfliktminderung möglich wird. Da die Ökonomie im engsten Sinne eine werturteilsfreie Disziplin ist, deren Betrachtungsgegenstand die unterschiedlichsten menschlichen Interessen sind, lässt sie im Vergleich zur religiösen Umweltbewegung auch Toleranz und Pluralismus gedeihen. Der Versuch der Ökonomen, das menschliche Handeln zu verstehen, versetzt sie eher in die Lage, es auch zu respektieren. Eine dogmatische Umweltbewegung, die darauf abzielt ihre eigenen Präferenzen per se ins Recht zu setzen, ist hingegen eine Gefahr für eine freie Gesellschaft.

Zitate

„Ökonomie ist die Wissenschaft konkurrierender Interessen. Der Ökologismus lässt die Wissenschaft indes hinter sich, da er Geschmacksfragen zu einer Angelegenheit der Moral macht... Die Wirtschaftswissenschaften vermeiden dieses moralisierende Gehabe; die Religion des Ökologismus betont es."

„Ein Kennzeichen von Wissenschaft ist die Verpflichtung, Argumenten auf ihren logischen Grund zu gehen; einige Religionen sind dagegen durch ein eher oberflächliches Verhältnis zur Logik gekennzeichnet, verbunden mit einem ausgeprägten Hang zum Rückzug, falls sie in eine unerwartete Richtung weist."

„Echte Lösungsvorschläge für ein Umweltproblem können einen Umweltschützer kaum beeindrucken, es sei denn die Lösung bestärkt seine moralische Überlegenheit... Problemlösungen werden in die eine oder eine andere Schublade gesteckt, nicht aufgrund ihrer

Nützlichkeit, sondern weil sie die Dogmen der Umweltschützer bedienen."

„Im engsten Sinne ist die Ökonomie eine werturteilsfreie Wissenschaft. Sie ist aber auch eine Art des Denkens, die ihre Praktiker dazu bringt, über formale Logik hinauszudenken. Mit der Vielfalt menschlicher Interessen als Betrachtungsgegenstand sind die Wirtschaftswissenschaften fruchtbarer Boden für Toleranz und Pluralismus. Aus meiner eigenen Erfahrung sind Ökonomen außerordentlich offen gegenüber alternativen Präferenzen, Lebensstilen und Meinungen. Werturteile wie ‚Arbeitsethos' oder ‚Sparsamkeit' sind Fremdwörter im ökonomischen Vokabular. Unsere Aufgabe ist das Verstehen menschlichen Verhaltens, und Verstehen ist nicht sehr weit entfernt von Respekt."

Quelle

Steven E. Landsburg: Why I'm not an Environmentalist – The Science of Economics versus the Religion of Ecology, in: ders.: The Armchair Economist, New York 2012.

Steven E. Landsburg

Über die Produktion von Sicherheit

Gustave de Molinari

interpretiert von Gérard Bökenkamp

Aufsatzthema

Molinari versucht zu belegen, dass das Gewaltmonopol genauso schädlich sei wie jedes andere Monopol, und dass ein Wettbewerb von Sicherheitsproduzenten genauso positive Ergebnisse hervorbringen würde wie der Wettbewerb in anderen Bereichen auch.

Bedeutung

Molinari gibt bedeutsame Anstöße für spätere Debatten über den Anarchismus. Moderne Denker wie Murray Rothbard, David Friedman und Robert Nozick haben die Argumente Molinaris aufgegriffen und mit unterschiedlichen Ergebnissen weiter entwickelt.

Autor

Gustave de Molinari (1819-1912) war ein belgischer Ökonomen, Anhänger des Freihandels und gilt als Vorläufer des Anarchokapitalismus. Nach dem Medizinstudium in Brüssel zog er 1841 nach Paris, wo er dem Freihandelsbund beitrat und sich mit volkswirtschaftlichen Fragen auseinandersetzte. Der berühmte französische Ökonom und Publizist Frédéric Bastiat soll ihn als

Weiterführer seiner Arbeit bezeichnet haben. Molinari setzte sich sein ganzes Leben für Frieden, Freihandel, Meinungsfreiheit und Vereinigungsfreiheit ein. Er war ein Gegner der Sklaverei, des Kolonialismus, des Protektionismus, des Imperialismus, des Nationalismus, Korporatismus und des ökonomischen Interventionismus.

Inhalt

Der Mensch als soziales Wesen

Molinari geht von einem positiven Menschenbild aus, wonach der Mensch von Natur aus gesellig ist und mit seinesgleichen friedlich zusammenleben möchte, um seine sozialen Bedürfnisse zu befriedigen. In diesem Zusammenleben stellt sich eine Arbeitsteilung ein, die zum Nutzen aller wirkt. Gefährdet wird dieses friedliche Zusammenleben jedoch durch den Umstand, dass Menschen durch Gewalt um die Früchte ihrer Arbeit gebracht werden können. Deshalb werden Institutionen geschaffen, die dem Zweck dienen, die Sicherheit der Menschen zu garantieren und sein rechtmäßiges Eigentum zu schützen. Es war zu fast allen Zeiten die Aufgabe der Regierung, diese Sicherheit zu gewährleisten; und weil Sicherheit ein so hohes Gut ist, sind die Menschen bereit, für den Unterhalt der Regierung aufzukommen.

Das Naturgesetz vom Vorteil des Wettbewerbs

Molinari stellt das Gewaltmonopol des Staates, das auch Liberale entschlossen verteidigt haben, in Frage. Er überträgt die Erkenntnis, dass der Konsument in einer Wettbewerbswirtschaft bessere Güter und Leistungen zu geringeren Kosten erhält als unter einem staatlichen Monopol, auf die Produktion von Sicherheit.

Diese Tatsache setzt der Autor mit einem Naturgesetz gleich, von dem es keine Ausnahmen gibt. Deshalb dürfe keine Regierung eine andere Regierung daran hindern mit ihr in Konkurrenz um die Nachfrage der Konsumenten nach Sicherheit zu treten. Die Gesellschaft würde Schaden nehmen, wenn die Produktion von Sicherheit dem Wettbewerb weiterhin entzogen bliebe.

Vom Gewaltmonopol zum Kommunismus

Molinari stellt fest, dass bislang die Produktion von Sicherheit fast immer den Charakter eines Monopols oder des Kommunismus angenommen hat. Es habe sich gezeigt, dass sich durch die Einbeziehung unfreiwilliger Konsumenten der Gewinn wesentlich vergrößern lässt. Die Folge waren Kriege zwischen den Sicherheitsanbietern mit dem Ziel, über bestimmte Territorien Sicherheitsmonopole zu errichten und damit die Ausbeute zu erhöhen. Am Anfang habe das Gewaltmonopol in Form von „erblichen Diktaturen", eben Monarchien, bestanden. Wenn diese Monopole gestürzt werden, überlassen die Revolutionäre das Gewaltmonopol jedoch nicht dem freien Wettbewerb, sondern errichten erneut eine Verwaltung, wodurch in Republiken das Gewaltmonopol die Form des Kommunismus, also des Gemeineigentums an dem Sicherheitsapparat annimmt. Das monarchische Gewaltmonopol werde mit dem Gottesgnadentum gerechtfertigt. Das republikanische Gemeinschaftseigentum am Gewaltmonopol durch den Verweis auf die Herrschaft des Volkes. Beiden gemeinsam sei jedoch, dass sie den Gehorsam gegenüber dem Gewaltmonopolisten mit Terror durchsetzen.

Molinaris Modell privater Sicherheitsanbieter

Molinari legt einen Gegenentwurf vor, in dem die Sicherheitsproduzenten miteinander im Wettbewerb stehen. In seinem Modell beurteilen die Konsumenten den Anbieter von Sicherheit nach dessen Effizienz, moralischer Integrität und alternativen Angeboten. Als Gegenleistung für die Produktion von Sicherheit sind die Konsumenten bereit, sich gewissen Regeln zu unterwerfen und bestimmte „Unbequemlichkeiten" hinzunehmen, die für die Durchsetzung der Sicherheit notwendig sind. Für die gewählte Produktion von Sicherheit zahlen die Konsumenten eine mit dem Produzenten frei ausgehandelte Gebühr, um die Kosten und die Gewinne des Produzenten von Sicherheit zu finanzieren.

Das Ende des Krieges

Zwar würde sich das Sicherheitsangebot bestimmter Produzenten wahrscheinlich auf bestimmte Territorien konzentrieren. Wenn diese aber ihr territoriales Monopol missbrauchen, hätten die Konsumenten immer noch die Möglichkeit, ihre Sicherheit bei einem konkurrierenden Sicherheitsproduzenten einzukaufen. Auf das Problem, dass die lokalen Gewaltproduzenten dazu neigen könnten, die freie Wahl mit dem Einsatz ihres lokalen Gewaltmonopol zu unterbinden, geht Molinari nicht ein – und das ist eine zentrale Schwäche seines Ansatzes. Stattdessen geht er davon aus, dass der Krieg damit ein für alle Mal sein Ende finden würde.

Zitate

„Das Menschengeschlecht ist dem Wesen nach gesellig. Wie die Biber und die höheren Tiergattungen im Allgemeinen, werden die Menschen instinktiv zum Leben in Gesellschaft getrieben."

„Die Gesellschaft hat daher die vollständigere Befriedung des Menschen zum Gegenstand; das Mittel ist die Arbeitsteilung und der Tausch."

„Genau wie das Sicherheitsmonopol logischerweise alle anderen Monopole erzeugen musste, muss der Sicherheitskommunismus logischerweise alle anderen Kommunismen erzeugen."

„Folgt man nun diesem Grundsatz [, dass der Wettbewerb dem Konsumenten dient, G.B.], so gelangt man unausweichlich zu folgendem Schluss: Dass die Produktion der Sicherheit im Interesse der Konsumenten dieses immateriellen Gutes dem Gesetz des freien Wettbewerbs unterworfen bleiben muss."

Quelle

Gustave de Molinari: Über die Produktion von Sicherheit (1849), übersetzt von Jörg Guido Hülsmann und R. Stiebler für www.mises.de (http://www.mises.de/public_home/article/313).

Original: „De la production de la sécurité," in: Journal des Économistes, 8. Jg., Bd. 22 (Dez. 1848 – März 1849), Guillaumin et Cie., Paris 1849, 277-90.

Left and Right: The Prospects of Liberty

Murray N. Rothbard

interpretiert von Stefan Blankertz.

Aufsatzthema

Rothbard entwickelt die Idee einer Erneuerung der revolutionären klassisch-liberalen Bewegung mit einem Libertarismus jenseits von Links und Rechts.

Bedeutung

Rothbard hebt die Spaltung des klassischen Liberalismus in einen rechten (konservativen) wirtschaftsliberalen und einen linksliberalen bürgerrechtlichen Flügel auf.

Autor

Murray N. Rothbard (1926-1995), amerikanischer Wirtschaftswissenschaftler, Sozialphilosoph und revolutionärer Politiker. Er gilt als der Inspirator der internationalen libertären Bewegung und ist Mitbegründer der „Libertarian Party" in den USA. Er war einer der radikalsten Vertreter des Libertarismus, nämlich in der Form des Anarchokapitalismus. Einen wesentlichen Anteil seiner politischen Bemühungen galt dem Kampf gegen den US-amerikanischen Militarismus und Imperialismus und für die

Erneuerung einer Politik des Isolationismus. Wissenschaftlich hat er Beiträge zur Weiterentwicklung der Österreichischen Schule geleistet; besonders verbunden blieb er zeitlebens der Theorie seine akademischen Lehrers Ludwig von Mises. Er ist Autor einer mehrbändigen Geschichte der Amerikanischen Revolution und verfasste eine „Ethik der Freiheit".

Inhalt

Es gibt eine problematische politische Topografie von Links und Rechts, die sich in den 1960er Jahren herausgebildet hat und heute als quasi naturgegeben hingenommen wird: Auf der „rechten" Seite wird das Eintreten für ökonomische Freiheit verortet (aber wie kann dann der Faschismus als „extreme" Form gelten?). Auf der „linken" Seite wird das Eintreten für bürgerliche Freiheiten verortet (aber wie können dann die institutionalisierten Menschenrechtsverletzungen aller sozialistischer Regime als „links" gelten?).

Murray Rothbard zeigt in seinem Essay „Left and Right", dass diese politische Topografie das Ergebnis des Zerfalls von Liberalismus ist. Denn der Liberalismus hat als „linke" Bewegung gegen die „rechten" konservativen Bewahrer der vorindustriellen, hierarchischen Ordnung begonnen. Der Liberalismus erzielte Teilerfolge in seinem antietatistischen Kampf, hat sich dabei jedoch zunehmend auf Kompromisse mit den Konservativen eingelassen. Die durch diese Kompromisse entstehenden Probleme, namentlich soziales Elend und aggressiver Nationalismus, wurden von nun an einer angeblich inhaltlich begründeten Allianz von Liberalen und Konservativen angelastet. Dies machte den Weg frei für eine neue Bewegung, die den verwaisten „linken" Platz einnahm, den Sozialismus, um gegen eine herrschaftliche und militaristische Ordnung anzukämpfen.

Rothbard verweist überdies darauf, dass der Sozialismus zunächst durchaus an die klassisch liberalen Themen anschloss, dann aber ebenso wie der Liberalismus mit den Staatsvertretern Kompromisse schloss, um am Ende in der Praxis zu einer extrem etatistischen Position zu gelangen.

Das Programm der konservativen Bewahrung des erreichten Status Quo von Liberalismus und Etatismus ist laut Rothbard aus zwei Gründen notwendig zum Scheitern verurteilt: Die Verbindung wirtschaftlicher Freiheit mit einem waffenstarrenden Patriotismus, mit religiöser Bigotterie, mit Bevormundung und Regulation im privaten Leben, mit der „zwölfjährigen" Haftstrafe der Schulpflicht, mit außenwirtschaftlichem Protektionismus, mit der Rolle der USA als „internationalem Polizisten" führt zum einen zu Inkonsequenz und zu sozialen Problemen, die die Idee der Freiheit unglaubwürdig werden lassen und angreifbar machen. Zum anderen zwingt die aus den sozialen Problemen und dem Widerstand gegen Bevormundung erwachsende Destabilisierung zu ständig neuen Maßnahmen, sei es politische Repression, sei es der Ausbau des Sozialstaates. Der Konservativismus kämpft auf verlorenem Posten, der Status Quo lässt sich nicht aufrechterhalten; und zu einem früheren Zeitpunkt in der unseligen Verbindung von Liberalismus und Konservativismus zurückzukehren, ist aus eben diesem Grunde keine realistische Option.

Mitte der 1960er Jahre stand die „Linke" in den USA wie in vielen anderen Ländern vor allem der westlichen Welt für Protest gegen Krieg und Imperialismus nach außen sowie gegen Bevormundung nach innen. Propagiert wurde die Selbstorganisation außerhalb und unabhängig vom Staat. Aufgrund ihrer (historisch verständlichen, inhaltlich aber falschen) Stellung gegen den Liberalismus und ihrem Vorurteil gegen den

Kapitalismus (den sie mit dem herrschenden Korporatismus verwechselten) verfocht diese Linke jedoch auf wirtschaftlichem Gebiet gerade das Gegenteil von Freiheit. Schließlich gab sie auch die Idee der Selbstorganisation wieder preis und verlangte mehr und mehr Eingriffe des Staates zugunsten des von ihnen bevorzugten Systems.

In „Left and Right" ruft Rothbard demgegenüber dazu auf, die klassisch liberalen Anteile aus ihren verhängnisvollen Allianzen „jenseits von links und rechts" wiederzuvereinigen zu einem in sich stimmigen Programm der Freiheit. Dieses Programm der Freiheit steht für Frieden, Wohlstand und Selbstbestimmung. Es ist in der Lage, die sozialen Probleme zu lösen, an denen der linke ebenso wie der rechte Etatismus ständig scheitert. Es ist in der Lage, den Kreislauf des „permanenten Kriegs für den permanenten Frieden" zu durchbrechen.

Mit „Left and Right" hat Rothbard einen unschätzbaren Beitrag geleistet, um den Liberalismus wieder mit sich selbst zu versöhnen und zu einer schlagkräftigen politischen Alternative zu machen.

Zitate

„Konservativismus ist ein sterbendes Überbleibsel des Ancien régime der vorindustriellen Zeit und hat also solches keine Zukunft. In seiner gegenwärtigen amerikanischen Form verkörpert das Revival des Konservativismus der frühen 1960er Jahre die Todeskrämpfe eines unentrinnbar moribunden, fundamentalistischen, ländlichen, kleinstädtischen, weißen,

angelsächsischen Amerika. Was dabei sind die Perspektiven der Freiheit? Zu viele Libertäre verbinden die Aussicht auf Freiheit fälschlich mit der scheinbar stärkeren und vermeintlich verbündeten konservativen Bewegung."

„[Liberalismus war] die Partei der Hoffnung, des Radikalismus, der Freiheit, der Industriellen Revolution, des Fortschritts, der Humanität; [Konservativismus war] die Partei der Reaktion, die Partei, die sich nach Wiederherstellung der Hierarchie der Alten Ordnung sehnte, nach Etatismus, Theokratie, Sklaverei und Ausbeutung. Da der Liberalismus zugegebenermaßen die Vernunft auf seiner Seite hatte, verdunkelten die Konservativen das intellektuelle Klima mit obskuren Rufen nach Romantizismus, Tradition, Theokratie und Irrationalität. Die politischen Positionen waren radikal mit dem Liberalismus auf der extrem ‚linken' und dem Konservativismus auf der extrem ‚rechten' Seite des Spektrums."

„Nachdem der Liberalismus sich selbst aufgegeben hatte, gab es keine Partei der Hoffnung mehr in der westlichen Welt, keine ‚linke' Bewegung im Kampf gegen den Staat und die ungebrochenen Überbleibsel des Alten Ordnung. Eine neue Bewegung sprang in Bresche, in diese Leere, hinterlassen vom trockengelegten Liberalismus: der Sozialismus."

Quelle

Erstveröffentlichung 1965 als programmatischer Auftakt in „Left and Right: A Journal of Libertarian Thought" 1 (1965) 1, 4-22.

Komplett digitalisiert www.mises.org/journals/left-right.asp. Verschiedene Nachdrucke, u.a. als Cato Paper No. 1, San Francisco 1979.

"Petition der Kerzenmacher"[3]

Frédéric Bastiat

Interpretiert von Gerald Mann

Aufsatzthema

Bastiat beschreibt wie einflussreiche Interessengruppen, trotz fadenscheiniger, aber geschickt vorgebrachter „Argumente", ihre Partikularinteressen bei und mittels der Politik durchsetzen und damit dem Allgemeinwohl schaden. Zur Veranschaulichung – gerade in der überspitzten Form – nutzt er eine erfundene Petition von Kerzenmachern, die ein Verbot der Nutzung des kostenlosen Sonnenlichtes durch vorgeschriebene Verdunkelung durchsetzen wollen, um ihre Geschäfte anzukurbeln.

Autor

Geboren wird Claude Frédéric Bastiat 1801 in Bayonne im französischen Baskenland. Mit neun Jahren wird er Vollwaise und von da ab vom Großvater erzogen. Mit 17 Jahren tritt er in die Firma seines Onkels ein und lernt das Wirtschaftsleben kennen. Durch eine Erbschaft erhält er Landbesitz, der ihm Unabhängigkeit beschert. Sein erster Artikel im angesehenen

---

[3] Titel ausführlich: „Petition der Fabrikanten von Kerzen, Lampen, Kerzenständern, Straßenlaternen, Lichtputzscheren, Kerzenlöschern und von Talg-, Öl-, Harz-, Alkoholprodukten sowie allgemein von allem, was der Beleuchtung dient."

„Journal des Economistes" 1844 widmet sich dem Freihandel, indem er die französische und die britische Zollpolitik in ihren Auswirkungen vergleicht. Bastiat freundet sich mit dem britischen Vorkämpfer des „Manchesterliberalismus" und Mitgründer des „Economist" an, dem Textilunternehmer Richard Cobden. 1846 gründet er in Frankreich eine Vereinigung zur Förderung des Freihandels (Association pour la liberté des échanges) und entwickelt eine beachtliche publizistische Tätigkeit zur Verbreitung seiner wirtschaftsliberalen Ideen. Infolge der 1848er Revolution wird Bastiat in die Verfassungsgebende Versammlung gewählt, wo er vergeblich gegen um sich greifende antiliberale Tendenzen (Protektionismus und Interventionismus) anzukämpfen versucht. Sein Biograph George Charles Roche III, konstatiert, dass er sowohl mit der Linken wie mit der Rechten, aber immer mit der Minderheit stimmte.[4] Ein Schicksal, dass wohl nicht wenige echte Liberale mit Bastiat teilen. Der weitere turbulente Verlauf des Zeitgeschehens beflügelt seine publizistische Tätigkeit enorm. So entsteht seine umfassende Darstellung der Volkswirtschaftslehre „Harmonies économiques" noch vor seinem Tod im Dezember 1850 in Rom.

Bedeutung

Die große Bedeutung sowohl von Bastiats Werk im Ganzen wie von der „Petition" im Besonderen steht leider im Gegensatz zu seiner geringen Bekanntheit. Die „Petition" ist eine überzeugende Darlegung, warum staatliche Regulierung entgegen der weit verbreiteten Annahme und der Behauptung

---

[4] Roche, George Charles III (1971): Frederic Bastiat - A Man Alone, S. 111.

einschlägiger Interessengruppen eben doch nicht zur allgemeinen Wohlfahrtsmaximierung beiträgt, sondern dem Rent-Seeking von gut organisierten Partikularinteressen dient, also dem Erzielen einer „politischen Rente" durch Einflussnahme.[5] Und eine solche Rente entsteht durch leistungsungerechte Umverteilung. Mehr als ein Jahrhundert vor Einführung dieses treffenden Begriffs beschrieb Bastiat – nicht nur in der „Petition" – genau diese wohlfahrtsschädliche Vorgehensweise. Die wenigen, die aus der geforderten Regulierung für sich einen bedeutenden Vorteil generieren, vermögen ihre Interessen bei der Politik leichter durchzusetzen als die Masse der Bevölkerung, für die es in der Regel individuell bei jeder solchen Einzelmaßnahme (z.B. die „Bananenmarktordnung" der EU in den 90er Jahren) nur um einen kleinen Nachteil geht.

In seinen jungen Jahren wollte er Schriftsteller werden. Das erklärt vielleicht, warum seine Werke auch literarischen Wert über den ohnehin bedeutenden Inhalt hinaus besitzen. Ludwig von Mises lobte deswegen: „Bastiat war ein glänzender Stilist, so daß die Lektüre seiner Schriften einen ganz besonderen Genuß gewährt. Daß seine Lehren heute überholt sind, ist angesichts der gewaltigen Fortschritte, die die theoretische Nationalökonomie seit seinem Tode gemacht hat, nicht erstaunlich. Seine Kritik aller protektionistischen und verwandten Bestrebungen ist auch heute noch unübertroffen. Die Schutzzöllner und Interventionisten haben kein Wort sachlicher Entgegnung

---

[5] Vgl. in Werken des 20. Jahrhunderts: Gordon Tullock (1967): The Welfare Costs of Tariffs, Monopolies, and Theft, in: Western Economic Journal. 5, Nr. 3, 1967, 224–232; fern Anne Krueger (1974): The Political Economy of the Rent-Seeking Society, in: American Economic Review. 64, Nr. 3, 1974, 291–303, sowie umfassender hinsichtlich der Auswirkungen: Mancur Olson (1982): The Rise and Decline of Nations: Economic Growth, Stagflation, and Social Rigidities.

vorbringen können. Sie stammeln nur immerfort: Bastiat ist ‚oberflächlich'."⁶ Friedrich August von Hayek nannte Bastiat den „wahrscheinlich genialsten Publizisten des ökonomischen Liberalismus".

Selbst in seinem Heimatland Frankreich ist der große Denker heute weithin unbekannt. Es wird berichtet, dass die britische Premierministerin Margaret Thatcher bei einem offiziellen Besuch in Paris in den 80er Jahren Bastiat als ihren französischen Lieblingsökonomen bezeichnete. Ihre französischen Gesprächspartner mussten jedoch einräumen, nie von ihm gehört zu haben. In dieser Unkenntnis spiegelt sich die parteiübergreifende Staatsgläubigkeit des „Planification"-Denkens der Frankreich „beherrschenden" „Enarchen" (Absolventen der französischen Kaderschmiede ENA – École Nationale d'Administration) wider.

Eine späte Anerkennung widerfuhr Bastiat durch die Erwähnung in Ronald Reagans Budgetrede vor dem Kongress 1982. Der US-Präsident führte den französischen Denker als Zeugen dafür an, dass öffentliche Gelder niemanden zu gehören scheinen und deswegen die Versuchung groß sei, sie an irgendwen zu verschenken. Allerdings bestätigte Ronald Reagan diese Anerkennung nicht durch solide Etatpolitik, sondern trieb die Schulden der USA erheblich in die Höhe.

Inhalt

Die Kerzenmacher reichen den Abgeordneten der Deputiertenkammer eine Petition ein, um durch entsprechende Gesetzgebung die lästige Konkurrenz der Sonne loszuwerden. Diese könne mit deutlich geringeren Kosten den Menschen

---

⁶ Mises, Ludwig von (1927): Liberalismus, S. 171.

das Licht geben. Deswegen solle der Staat den Menschen vorschreiben, in Zukunft tagsüber die Häuser zu verdunkeln. Infolge des dann stark steigenden Bedarfs an Beleuchtungsmitteln – der damaligen Zeit entsprechend eben Kerzen – würde die ganze Wirtschaft rasanten Aufschwung nehmen. Denn die ganze Wertschöpfungskette vom Bauern und den Metzgern (Talggewinnung) und den Bienenzüchtern (Wachs) bis hin zu den eigentlichen Kerzenmachern stünden vor einem großen Aufschwung. Einkommen würde generiert und wieder dem Konsum zufließen.

Da die Politik schon immer protektionistische Maßnahmen vornahm, sprechen ihr die Petenten ab, nun auf einmal aus Sicht des Verbrauchers zu entscheiden und die Nutzung der kostenlosen Sonne weiter zu gestatten. Denn dann müsste man ja auch die wegen besserer klimatischer Bedingungen günstigeren Orangen aus Portugal ins Land lassen, was aber mit Verweis auf ihre niedrigeren Preise nicht gestattet ist. Gut arbeitet Bastiat hier heraus, dass die Politik – wenn sie sich einmal auf die schiefe Ebene von Marktabschottung und wohlmeinender Regulierung begeben hat – im selbst gebauten Gefängnis sitzt und es nur eine Frage der Zeit ist, bis Vertreter anderer Branchen auftauchen, die ebenfalls „geschützt" werden wollen vor dem scharfen Wind des Wettbewerbs. Das gilt umso mehr, da richtige Einwände aus Sicht der „Rent-Seeker" immer nur aus „den gängigen Büchern der Partisanen des Freihandels entnommen" sein können, gegen die sich ja die bisherige Politik in ihrem Handeln gestellt hat. Nun möge die Politik sich gefälligst auch mit einem weiteren Vorstoß gegen den Markt treu bleiben.

In geradezu humorvoller Weise bringt Bastiat auch das Spielen der national(istisch)en Karte durch die Petenten zur Sprache, ein

„Argument", das Protektionisten bis heute vorbringen: „Dieser Rivale – die Sonne – liefert uns einen so hartnäckigen Kampf, dass wir den Verdacht haben, dass er von dem perfiden England (schöne Diplomatie heutzutage) gegen uns gehetzt wurde, umso mehr als er bei dieser hochmütigen Insel Rücksichten nimmt, deren er sich bei uns enthält."

Bezüge zur Gegenwart

Angesichts des aus heutiger Sicht technologisch antiquierten Kerzenbeispiels mag vielleicht nicht jedem ad hoc der Transfer auf aktuelle, gleichgelagerte Themen gelingen. Deswegen seien an dieser Stelle zwei angeführt:

Die „Energiewende" in Deutschland

Hier hat der Staat Vertragsfreiheit weithin beseitigt und damit „Geschäftsmodelle" ermöglicht, die auf einem freien Markt nie entstanden wären. Zwar ist es durchaus verständlich, dass sich jemand zur Absicherung seiner eigenen Energieversorgung eine Photovoltaikanlage aufs Dach schraubt, durch die ihn die Kilowattstunde deutlich mehr kostet als beim Bezug über einen Stromversorger – Sicherheit hat eben ihren Preis. Und er soll natürlich nicht selbst verbrauchten Strom jederzeit zu Marktpreisen verkaufen können. Aber es führt zu nichts Gutem, wenn der Staat Stromabnehmer zwingt, zu festgesetzten Preisen, die deutlich über den Preisen von Strom etwa aus Gaskraftwerken liegen, Erzeugern erneuerbarer Energien ihre Produkte abzukaufen. Dadurch werden Interessengruppen geschaffen, die sich logischerweise für den Erhalt oder gar die Verschärfung dieses marktfernen Umverteilungssystem einsetzen („Rent-Seeking"). Nun wird von vielen – selbst von Leidtragenden dieses Systems

– argumentiert: Ja, das sei zwar ein Eingriff in den Markt. Aber dafür würde ja Versorgungssicherheit angesichts massiv ansteigender Preise für fossile Energie gewährleistet. Nun, traut man echten Experten, ist die Versorgungssicherheit für Deutschland eher gesunken. Wenn im Winter die Sonne lange nicht scheinen und der Wind lange nicht wehen sollte, werden wir merken, dass wir durch die Energiewende VersorgungsUNsicherheit erzielt haben. Und die bei Einführung der rot-grünen Energiewende 1999 prognostizierten Ölpreise von 200 Dollar plus je Barrel sind bis heute trotz Inflation, Kriegen und Krisen nicht eingetreten. Natürlich kann ein solcher Anstieg krisenbedingt für eine gewisse Zeit nicht ausgeschlossen werden. Aber was die realen Preise fossiler Energie betrifft, erwarten nicht wenige Experten eher eine stabile bis moderate Entwicklung. Unweigerlich denkt man hier an Hayeks „Anmaßung von Wissen", auf der zentralistische Planung stets fußt.

Die Alternative zum herkömmlichen Taxi: Uber

Bisher ist der Taximarkt in Deutschland durch Lizenzen und weitere Regulierung abgeschottet. Die Profiteure dieser Abschottung wollen verständlicherweise daran festhalten. Der US-Anbieter Uber kommt nun mit einer App nach Deutschland (und in andere Länder), durch die den Taxis durch preiswertere Anbieter inklusive Gelegenheitsfahrern Konkurrenz entsteht. Das Internet reduziert die Transaktionskosten erheblich und macht die effizientere Nutzung von volkswirtschaftlichen Ressourcen möglich. Bsp.: A fährt allein von C nach D. B steht am Straßenrand an der Ausfallstraße von C und will auch nach D. In die App gibt er den Wunsch ein und bei A wird das angezeigt. A kann sich entscheiden, B mitzunehmen gegen ein Entgelt. Der Wohlstandszuwachs ist offenkundig. Diese neuen

Möglichkeiten aufgrund von Regulierung zu unterbinden wäre vergleichbar einem früheren Verbot von Lkws, um Kutschenhersteller und Pferdezüchter zu schützen. Gleichwohl scheint das Taxigewerbe politischen Rückhalt zu genießen, wie ihn auch Bastiats Kerzenmacher suchten. Und dabei wird ein zentraler Grundgedanke zur Wohlfahrtsökonomik deutlich: In der Regel wird nur das von den Menschen registriert, was man sieht, nicht jedoch, was verborgen bleibt, weil Handlungen durch staatliche Regulierungen unterdrückt werden, die ohne diese Einschränkungen vorgenommen worden wären. Diese Wohlfahrtsverluste – nicht sofort und für alle einsichtig sowie schwer zu quantifizieren – bleiben bei der Beurteilung staatlichen Handelns meist unberücksichtigt. Die „Was-wäre-wenn-Frage" wird in der Regel nicht gestellt. Die Opportunitätskosten der wegen Regulierung z.B. nicht genutzten Mitfahrmöglichkeiten fließen also nicht in die Betrachtung der Entscheider und Beobachter ein, eventuelle Arbeitsplatzverluste von Taxiunternehmen jedoch schon.

Wahrscheinlich würde Claude Frédéric Bastiat heute seine liberalen Philippiken über Energiewende und Personenbeförderung schreiben. Immer getreu einer seiner Aussagen, die man als Motto seines Wirkens bezeichnen kann: „Dies ist der ganze Unterschied zwischen einem guten und einem schlechten Ökonomen: Der eine klebt an der *sichtbaren* Wirkung, der andere berücksichtigt sowohl die Wirkung, *die man sieht*, als auch diejenige, die man *vorhersehen* muss." Bastiat war nicht nur ein guter, sondern ein hervorragender Ökonom.

Zitate

Jeweils die Petenten zu den Deputierten:

„Wir unterliegen der unerträglichen Konkurrenz eines auswärtigen Rivalen [gemeint ist die Sonne, G.M.], der - wie es aussieht - Licht unter Bedingungen produziert, die den unseren so überlegen sind, dass er unseren nationalen Markt damit zu einem unglaublich niedrigen Preis überschwemmt; denn, sofort wenn er sich zeigt hört unser Verkauf auf, alle Verbraucher wenden sich an ihn, und ein Zweig der französischen Industrie mit seinen unzählbaren Verästelungen steht mit einem Schlag völlig still."

„Sie haben kein Recht mehr, die Interessen des Verbrauchers anzuführen. Wenn er mit dem Produzenten gerungen hat, haben Sie ihn immer geopfert. - Sie haben es getan, um die Beschäftigung zu fördern, um den Bereich der Beschäftigung zu erweitern. Aus demselben Motiv müssen Sie es wieder tun."

„Die Frage, und wir stellen sie förmlich, ist, ob Sie für Frankreich die Wohltat des kostenlosen Verbrauches oder die angeblichen Vorteile der mühsamen Produktion wollen. Wählen Sie, aber seien Sie konsequent; denn, solange Sie wie jetzt Öl, Eisen, Weizen, ausländisches Tuch, zurückweisen, in soweit ihr Preis sich Null annähert; welche Inkonsequenz wäre es doch, das Licht der Sonne zuzulassen, dessen Preis den ganzen Tag über Null ist."

Quelle

Petition der Fabrikanten von Kerzen, Lampen, Kerzenständern, Straßenlaternen, Lichtputzscheren, Kerzenlöschern und von Talg-, Öl-, Harz-, Alkoholprodukten sowie allgemein von allem, was der Beleuchtung dient, in: Marianne Diem und Claus Diem (2001): Der Staat – die große Fiktion – Ein Claude-Frédéric-Bastiat-Brevier, 95-99.

Autoren

Stefan Blankertz, Dr. phil., Dr. habil., ist Wortmetz, Publizist und Theoretiker der Gestalttherapie.

Gérard Bökenkamp, Dr. phil., Historiker und Publizist, ist Referent für Grundsatzfragen des Liberalismus beim Liberalen Institut der Friedrich Naumann Stiftung für die Freiheit.

Eduard Braun, Dr. rer. pol, arbeitet am Institut für Wirtschaftswissenschaft der Technischen Universität Clausthal.

Carsten Dethlefs, Dr. rer. pol. ist Diplom-Kaufmann, Blogger, Autor und Betreiber der Seite www.carsten-dethlefs.de.

Alexander Dörrbecker, Dr. jur. LL.M., Attorney at Law (N.Y.), ist Referent im Bundesministerium der Justiz und für Verbraucherschutz in Berlin und Mitglied der Hayek-Gesellschaft.

Alexander Fink, Dr., arbeitet am Institut für Wirtschaftspolitik der Universität Leipzig und ist Senior Fellow am Institute for Research in Economic and Fiscal Issues – IREF.

Steffen Hentrich ist Volkswirt und Grundsatzreferent der Friedrich Naumann Stiftung für die Freiheit mit Schwerpunkt Umwelt-, Energie- und Verbraucherschutzpolitik.

Isabell Heuber, Dr. rer. pol, ist Politische Ökonomin und Persönliche Referentin des Rektors sowie Leiterin des Rektoratsbüros der Universität Heidelberg.

Christian Hoffmann, Dr. oec., ist Forschungsleiter des Liberalen Instituts (Schweiz), Assistenzprofessor für Kommunikationsmanagement am Institut für Medien- und Kommunikationsmanagement der Universität St. Gallen und Dozent an der Hochschule für Wirtschaft Zürich.

Malte Tobias Kähler ist Berater einer internationalen Unternehmensberatung und Autor; er befasste sich seit Jahren mit der Österreichischen Schule sowie der Komplexitätsökonomik und beabsichtigt, deren Erkenntnisse in die Praxis zu übertragen.

Kalle Kappner ist Volkswirt und promoviert an der Humboldt-Universität zu Berlin. Er ist Research Fellow am Institute for Research in Economic and Fiscal Issues – IREF.

Helmut Krebs ist Philosoph und Pädagoge und übersetzt die englischsprachigen Werke von Ludwig von Mises.

Wolf von Laer ist Volkswirt, promoviert in Politischer Ökonomie am Kings Kollege, London, und war Mitbegründer und Vorsitzender der European Students For Liberty.

Gerald Mann, Dr. rer. pol, ist Professor für Volkswirtschaftslehre und regionaler Gesamtstudienleiter an der FOM Hochschule in München.

Michael von Prollius, Dr. phil., ist Publizist und Gründer von Forum Ordnungspolitik, das zu Forum Freie Gesellschaft weiter entwickelt wird; seine Homepage ist http://michael.von.prollius.de.

Edith Puster, Dr. phil., ist Philosophin und freie Autorin und arbeitet schwerpunktmäßig über die Grundlagen und praktischen Konsequenzen eines weltanschaulich neutralen Freiheitsverständnisses.

Dagmar Schulze Heuling ist Politikwissenschaftlerin und Projektleiterin im Forschungsverbund SED-Staat der Freien Universität Berlin.